AF469537

حضرت مرزا بشیر الدین محمود احمدؓ

عرفانِ الٰہی

M.A. Rasheed

طابع و ناشر: صفدر حسین عباسی
نظارت اشاعت و وکالت تصنیف (لندن)
۱۹۸۸ء

پیش لفظ

جماعتِ احمدیّہ کے دوسرے امام حضرت مرزا بشیر الدین محمود احمد المصلح الموعود رضی اللہ عنہ نے اپنی خلافت کے پانچویں سال مارچ سنہ ۱۹۱۹ء میں جماعتِ احمدیّہ کے سالانہ جلسہ کے موقعہ پر ایک پُر معارف تقریر فرمائی تھی۔ جس میں حضور نے عرفانِ الٰہی کی حقیقت کو بہت عام فہم انداز میں بیان فرمایا ہے۔ حضور نے اپنی اس تقریر میں عارف باللہ بننے کی ابتدائی شرط۔ تزکیۂ نفس۔ کو حاصل کرنے کے طریق بھی دِلنشین انداز میں بیان فرمائے ہیں۔ نفس کی تربیت اور اصلاح کے لئے اس مضمون کا مطالعہ اور حتّی الوسع عمل ہر احمدی کے لئے انتہائی ضروری ہے۔

سیّد عبد الحی

اَشْهَدُ اَنْ لَّاۤ اِلٰهَ اِلَّا اللّٰهُ وَحْدَهٗ لَا شَرِيْكَ لَهٗ
وَ اَشْهَدُ اَنَّ مُحَمَّدًا عَبْدُهٗ وَرَسُوْلُهٗ
اَمَّا بَعْدُ فَاَعُوْذُ بِاللّٰهِ مِنَ الشَّيْطٰنِ الرَّجِيْمِ
بِسْمِ اللّٰهِ الرَّحْمٰنِ الرَّحِيْمِ
اَلْحَمْدُ لِلّٰهِ رَبِّ الْعٰلَمِيْنَ اَلرَّحْمٰنِ الرَّحِيْمِ
مٰلِكِ يَوْمِ الدِّيْنِ اِيَّاكَ نَعْبُدُ وَاِيَّاكَ نَسْتَعِيْنُ
اِهْدِنَا الصِّرَاطَ الْمُسْتَقِيْمَ صِرَاطَ الَّذِيْنَ
اَنْعَمْتَ عَلَيْهِمْ غَيْرِ الْمَغْضُوْبِ عَلَيْهِمْ
وَلَا الضَّآلِّيْنَ ۔ اٰمین

تمہید میری عادت پچھلے سالوں میں جلسہ کے موقعہ پر یہ رہی ہے۔ کہ پہلے دن وہ نصائح بیان کیا کرتا ہوں جو عام طور پر جماعت کی اصلاح کے لئے ضروری ہوں اور دوسرے دن کسی ایسے علمی مسئلہ پر لیکچر ہوتا ہے جو جماعت کی عملی اصلاح کا ممد اور معاون ہو سکتا ہے۔ مگر اس سال بعض واقعات کی وجہ سے

مَیں نے ارادہ کیا ہے۔ بشرطیکہ یہ ارادہ اللہ تعالیٰ کے ارادہ کے ساتھ مل جائے کہ بجائے اس کے کہ دوسرے دن اس مضمون کو بیان کروں۔ جو علمی طور پر کسی مسئلہ کی تحقیق کے متعلق ہو۔ پہلے ہی دن بیان کروں اور جیسا کہ پہلے جلسوں میں پہلے دن کی تقریر چند متفرق مسائل کے متعلق ہوتی تھی۔ اَب کے وہ تقریر دوسرے دن ہو۔ اس ارادہ کے ماتحت آج مَیں آپ لوگوں کو ایک نہایت ضروری اَمر کے متعلق کچھ سُناتا ہوں۔ لیکن پیشتر اس کے کہ اصل مضمون کو شروع کروں۔ اتنا کہدینا ضروری سمجھتا ہوں کہ پچھلے دنوں کی طویل اور سخت علالت کی وجہ سے اور پھر بوجہ اس کے کہ چند ہی دن ہوئے۔ مجھے لاہور جانا پڑا تھا۔ اور وہاں متواتر کئی دن بہت دیر تک مذہبی گفتگو کرنی پڑی۔ اور دو لیکچر بھی دیئے۔ جس سے صحت پر بہت اثر پڑا۔ اور ابھی تک طبیعت بہت کمزور ہے۔ اس لئے میں اس وقت اپنے آپ کو اس قابل نہیں پاتا۔ کہ جس طرح پہلے جلسوں میں چار پانچ چھ گھنٹے مسلسل مضمون بیان کیا کرتا تھا۔ اسی طرح آج دو تین گھنٹے بھی بیان کر سکوں۔ دوسرے مَیں سمجھتا ہوں کہ شاید میری آواز بھی سب تک نہ پہنچ سکے۔ مَیں کوشش کرونگا کہ جہاں تک خدا تعالیٰ مجھے توفیق دے بلند آواز سے بولوں۔ تاکہ سب کو پہنچ جائے۔ لیکن اگر کسی تک نہ پہنچ سکے تو وہ اسے خدا تعالیٰ کی حکمت کے ماتحت سمجھے۔ خدا تعالیٰ جس کو چاہتا ہے کوئی بات سنواتا ہے۔ اور جس کو چاہتا ہے محروم رکھتا ہے۔ اور اس کی مرضی اور منشاء کا کوئی مقابلہ نہیں کر سکتا۔ اور ہر ایک انسان کو چاہیئے کہ اپنی مرضی کو اس کی مرضی کے ماتحت کردے۔ پس مَیں کوشش کروں گا۔ کہ اس مضمون سے آپ لوگوں کو آگاہ کروں۔ جو آج کے لئے منتخب کیا گیا ہے۔ آگے جو خدا کی مرضی ٭

مَیں نے پچھلے جلسوں پر "ذکرِ الٰہی" اور "حقیقۃ الرؤیا" کے متعلق آپ

لوگوں کو اس تحقیقات سے واقف کیا تھا۔ جو مجھے اُن کے متعلق ہے۔ لیکن آج ایک ایسے اہم مضمون کے متعلق بولنا چاہتا ہوں کہ جس کا جاننا ہر ایک انسان کے لئے ضروری ہے۔ اور اس قدر ضروری ہے کہ اس کے جانے بغیر کوئی نجات کا امیدوار ہی نہیں ہو سکتا۔ میرے پہلے لیکچر فروعی اور اجزاء کے متعلق تھے۔ لیکن آج کا لیکچر کلی اور اصل معاملہ کے متعلق ہے اور مَیں افسوس کرتا ہوں کہ اس مضمون کو بیان کرنے کے لئے ایسی حالت اور ایسے وقت میں کھڑا ہُوا ہوں۔ کہ مجھے طاقت نہیں ہے کہ تفصیل کے ساتھ سُنا سکوں۔ اس وقت بھی لوگوں کے ملنے کی کوفت اور گردوغبار کی وجہ سے میرے سَر میں ایسی شدید دَرد ہے۔ کہ باوجود اس کے کہ دَوا کھا کے آیا ہوں ذرا سَر ہلاتا ہوں تو ایسا معلوم ہوتا ہے کہ گویا پھٹنے لگا ہے۔ لیکن اگر اللہ نے چاہا تو مَیں اس پیغام کو جو میرے نزدیک ہر ایک مُسلمان کے لئے پہلا اور آخری پیغام ہے پہنچانے کی کوشش کروں گا۔ پچھلے دنوں جیسا کہ آپ لوگوں کو معلوم ہے۔ مَیں سخت بیمار رہا ہوں۔ اس بیماری میں مجھے چھ چھ گھنٹے ضعفِ دِل کے دَورے ہوتے رہے ہیں۔ اس حالت میں میرے قلب پر ایک خاص اثر ہُوا۔ جس کے ماتحت مَیں ایک ایسی بات بیان کرنا چاہتا ہوں۔ جو میرے لئے بھی اور آپ کے لئے بھی نہایت ضروری ہے۔

اس وقت مَیں نے خیال کیا کہ حضرت مسیح موعود علیہ الصلوٰۃ والسّلام کے ذریعہ خدا تعالیٰ نے ہم پر بڑے بڑے احسان کئے ہیں۔ اور ایک تاریک گڑھے سے نکال کر نُور کے مینار پر بٹھا دیا ہے۔ مگر باوجود اس کے وہ تعلیم جو آپ لوگوں کو وہ دینا چاہتے تھے۔ اور جو قرآن میں درج ہے۔ اس کے اخذ کرنے میں ابھی بڑی کوشش اور سعی کی ضرورت ہے اور اس وقت جبکہ بظاہر یہی معلوم ہوتا تھا کہ میری آخری گھڑیاں ہیں۔ میرے دل میں اگر کوئی خلش تھی تو وہ یہی تھی۔ کہ ابھی تک ہماری جماعت اس مقام پر نہیں پہنچی۔ جس پر پہنچانے کی حضرت مسیح موعود کو خواہش تھی۔ اس کے لئے مَیں نے اس گھڑی

میں جو آخری سمجھی جاتی تھی۔ دُعا کی کہ الٰہی اس مصیبت کو ٹال دے۔ اور ہماری جماعت کو وہ نُور اور معرفت عطا کر۔ جس سے ہمیشہ تیرے پاک بندے مخصوص رہے ہیں۔ میرے مَولا نے میری اس وقت کی دُعا قبول کر لی۔ اور مجھے ہی موقعہ دے دیا۔ کہ آپ لوگوں کو آپ کے فرائض کی طرف متوجہ کروں۔ اور پھر اس بات کا موقعہ دیا کہ آپ لوگوں کو اس طرف توجہ دلاؤں۔ کہ آپ کو کس مقصد، مُدعا اور غرض کیلئے پیدا کیا گیا ہے اور کس طرف خدا کا رسول تمہیں لے جانا چاہتا تھا۔

اس مضمون کے متعلق جو آج مَیں بیان کرنے والا ہوں۔ گذشتہ سال مَیں نے کچھ تقریریں شروع کی تھیں۔ جن کا مُدعا اور مقصد یہ تھا کہ بتایا جائے کہ معرفت الٰہی اور عرفانِ الٰہی کس طرح حاصل ہو سکتا ہے مگر وہ تقریریں درمیان میں ہی رہ گئیں۔ ابھی صرف چار خطبے بیان کئے تھے۔ کہ طبیعت خراب ہو گئی۔ اور مجھے بہت سا عرصہ قادیان سے باہر رہنا پڑا۔ باہر سے آکر پھر بیماری کا دَورہ ہُوا۔ اور یہ مضمون تعویق میں پڑ گیا۔ اوّل تو وہ مضمون ہی نامکمّل رہا۔ اور اگر مکمّل بھی ہو جاتا۔ تو یہ کوئی ضروری نہیں کہ دوبارہ بیان نہ کیا جائے۔ کیونکہ دوبارہ بیان کرنے کی اس وقت ضرورت نہیں رہتی جب اس پر عمل شروع ہو جائے۔ اور جب تک نہ ہو۔ اس وقت تک ضرورت باقی رہتی ہے۔ پس جب تک لوگ عمل کرنے نہ لگ جائیں ضروری ہے کہ اسے بیان کیا جائے۔

مَیں نے بتایا ہے کہ مَیں اس وقت زیادہ دیر نہیں بول سکتا۔ مگر مَیں سمجھتا ہوں۔ کہ اگر مختصر الفاظ میں ہی یہ پیغام پہنچا دُوں گا۔ تو خدا تعالےٰ کے حضور اپنے فرض سے بَری ہو جاؤں گا۔ اور کہہ سکوں گا کہ مَیں نے انہیں پیغام پہنچا دیا تھا۔ آگے اگر انہوں نے عمل نہیں کیا۔ تو یہ ان کا قصور ہے۔ میرا نہیں۔ پس مَیں آج اپنے فرض سے سُبکدوش ہو جاؤں گا۔ اگر اللہ تعالےٰ نے توفیق دی۔

عرفانِ الٰہی ایک ایسا اہم اور ضروری مسئلہ ہے۔ کہ کوئی شخص اس کی ضرورت سے

مستغنی نہیں ہوسکتا۔ بلکہ ہر ایک کو اس کی ضرورت ہے بہت لوگ ایسے ہیں۔ جو شکایت کرتے ہیں کہ ہمیں وُہ لُطف اور سُرور حاصل نہیں ہوتا۔ جو ایمان کا نتیجہ ہوتا ہے۔ وہ کہتے ہیں۔ ہم نمازیں پڑھتے۔ روزے رکھتے۔ حج کرتے۔ زکوٰۃ دیتے۔ صدقہ وخیرات کرتے۔ دُعائیں مانگتے ہیں۔ مگر باوجود اس کے اس درجہ کو نہیں پہنچتے۔ کہ لذّت اور سُرور حاصل ہوسکے۔ ایسے لوگ التجا کرتے ہیں۔ کہ ہمیں کوئی ایسے گُر بتا دیئے جائیں۔ جن کے ذریعہ عرفانِ الٰہی حاصل ہوسکے۔ اس میں شک نہیں۔ کہ یہ ایک ایسا ضروری اَمر ہے کہ انسان کی پیدائش ہی اسی لئے ہوئی ہے۔ اور دوسری مخلوق اور انسان میں فرق ہی یہ ہے کہ انسان کو عرفانِ الٰہی حاصل کرنے کی طاقت حاصل ہے۔ اور دوسری مخلوق کو نہیں۔ اور اگر یہ انسان کو حاصل نہ ہو۔ تو پھر وہ بہائم سے بدتر ہوتا ہے۔ کیونکہ ان کو طاقت نہیں دی جاتی۔ اس لئے وہ اس کے حاصل نہ کرنے میں معذور ہیں۔ لیکن اس کو طاقت دی جاتی ہے۔ جس سے یہ فائدہ نہیں اُٹھاتا۔ تو عرفانِ الٰہی ہر ایک انسان کے لئے ضروری ہے۔ اور اس کے بغیر کوئی انسان کامل نہیں ہوسکتا۔ ہماری جماعت میں اس بات کی تڑپ پائی جاتی ہے کہ اللہ تعالیٰ کی محبّت دلوں میں پیدا ہوجائے۔ اور جسم کے ذرّے ذرّے میں خدا تعالیٰ کی جلوہ گری ہو۔ مگر باوجود اس سچّی تڑپ کے انہیں یہ بات حاصل نہیں ہوتی۔ اور وہ شکایت ہی کرتے رہتے ہیں۔ بہت لوگ ایسے ہیں جو راتوں کو اُٹھ اُٹھ کر روتے اور دنوں میں بہت سا وقت اسی میں صرف کرتے ہیں کہ خدا مل جائے۔ مگر پھر بھی اُن کا مُدّعا حاصل نہیں ہوتا اور باوجود کوشش اور سعی کے انہیں اُن کا محبوب نہیں ملتا۔ ان پر عرفانِ الٰہی کے دروازے کھولے نہیں جاتے۔ اُن کے اور محبوب کے درمیان دیوار حائل ہی رہتی ہے۔

اَب سوال پیدا ہوتا ہے کہ وہ کونسے ذرائع اور طریق ہیں۔ جن سے روک دُور ہوسکتی ہے اور مُدّعا حاصل ہوسکتا ہے۔ ان کوششوں اور محنتوں کے بعد بہت سے

لوگ جن کو خُدا نہیں ملتا بالکل مایوس ہو جاتے اور یہ سمجھ لیتے ہیں کہ خدا ہے ہی نہیں. اور یا تو وہ خُدا کے ملنے کے لئے تڑپتے اور کوشش کرتے تھے۔ یا اس کے بالکل ہی منکر ہو جاتے ہیں۔ وہ کہتے ہیں ہمیں بتلایا گیا تھا۔ کہ اسلام کی تعلیم پر عمل کر کے تم خُدا کو پا سکتے ہو۔ ہم نے اپنی طرف سے اس پر عمل کرنے میں کوئی کمی نہیں کی۔ اور جس قدر ہماری طاقت ہی تھا۔ ہم نے کوشش کی۔ مگر ہمیں خُدا نہیں ملا۔ جس سے معلوم ہوتا ہے کہ خُدا کوئی ہے ہی نہیں۔ کیونکہ اگر ہوتا تو ضرور ملتا۔

غرض بہت لوگ خواہش رکھتے ہیں کہ کسی طرح خدا تعالےٰ کی معرفت انہیں حاصل ہو جائے۔ راتوں کو جاگتے روتے اور تڑپتے ہیں۔ دن میں ان کی حالت اس ماں کی طرح ہوتی ہے۔ جس کا اکلوتا بچّہ بچھڑا ہوتا ہے۔ وہ گویا انگاروں پر لوٹ رہے ہوتے ہیں۔ مگر باوجود اس کے خدا تعالےٰ کی معرفت اور عرفان انہیں حاصل نہیں ہوتا اَب سوال ہوتا ہے کہ یا تو اس قدر سعی اور کوشش کے ہوتے ہوئے خُدا کے نہ ملنے کے یہ معنی ہیں۔ کہ خدا ہے ہی نہیں۔ اور اگر ہے تو یہ ماننا پڑے گا۔ کہ پھر اس کے پانے کا کوئی طریق ہی نہیں۔ لیکن یہ دونوں خیال باطل اور دونوں باتیں غلط ہیں۔ در اصل ہر ایک چیز کے پانے اور اس کے ملنے کی خاص ترکیبیں ہوتی ہیں۔ اور جب تک اُن کو استعمال نہ کیا جائے۔ وہ حاصل نہیں ہو سکتی۔ پیشتر اس کے کہ مَیں تفصیل کے ساتھ ان ترکیبوں کو بیان کروں جن کے ذریعہ خدا حاصل ہو سکتا ہے۔ یہ بتا دینا ضروری سمجھتا ہوں کہ عرفانِ الٰہی اور معرفت الٰہی کے معنی کیا ہیں۔ یوں تو بہت لوگ کہتے ہیں۔ کہ ہمیں معرفتِ الٰہی حاصل نہیں ہوتی۔ لیکن وہ جانتے نہیں کہ معرفت الٰہی ہوتی کیا ہے۔ انہوں نے باپ دادا سے ان الفاظ کو سُنا ہُوا ہے۔ مگر ان کا اصل مطلب اور معنی نہیں سمجھتے۔ اس لئے مَیں بتانا چاہتا ہوں کہ اس کے کیا معنی ہیں۔

عرفان اور معرفت عربی کے لفظ ہیں۔ جو قریبًا قریبًا علم کے مترادف ہیں۔ مگر

علم اور اُن میں ایک فرق ہے اور وہ یہ کہ علم میں یہ بات پائی جاتی ہے کہ وہ بغیر کوشش اور تدبیر کے بھی حاصل ہو جاتا ہے۔ مگر عرفان غور اور فکر سے حاصل ہو سکتا ہے۔ اور گو علم کا لفظ عرفان کے معنوں میں استعمال ہوتا ہے۔ مگر عرفان کے معنوں میں یہ شرط پائی جاتی ہے۔ کہ غور اور فکر کے بعد حاصل ہو۔ گویا ان میں عموم اور خصوص کی نسبت ہے۔ علم عام ہے اور عرفان خاص۔ اسی لئے عربی کے محاورہ کے ماتحت یہ تو کہتے ہیں کہ عَرَفَ رَبَّهٗ بندہ نے اپنے ربّ کو پہچان لیا۔ مگر یہ نہیں کہتے کہ عَرَفَ عَبْدَهٗ اللہ نے بندہ کو پہچان لیا۔ بلکہ خدا تعالیٰ کی نسبت علم کا لفظ استعمال کرتے ہیں۔ کیونکہ خدا کو کسی فکر اور غور کی ضرورت نہیں۔ پس خدا تعالےٰ کے علم کے متعلق عرفان کا لفظ نہیں بولا جا سکتا۔ بلکہ یہ بندہ کے علم کے متعلق ہی بولا جاتا ہے۔ تو عرفان کے معنی یہ ہوئے کہ فکر، غور اور تدبّر کے بعد انسان کو خدا تعالےٰ کی ہستی کا علم حاصل ہو۔ اور وہ اپنے ربّ کو پہچان لے۔ پہچاننے کے معنی یہ ہوتے ہیں کہ وہ باتیں جو کسی میں خاص طور پر پائی جاتی ہیں۔ اور دوسروں سے ممتاز کرتی ہیں۔ ان کے ذریعہ سے اس کی شناخت کرے۔ مثلاً اگر کہا جائے کہ زید نے بکر کو پہچان لیا۔ تو اس کا یہی مطلب ہوگا۔ کہ وہ باتیں جو خاص بکر میں پائی جاتی تھیں اور دوسروں میں نہیں۔ اُن کے ذریعہ سے اس نے بکر کو مشخص کر لیا کہ فلاں شخص بکر ہے۔ اسی طرح عرفانِ الٰہی کے یہ معنی ہوتے ہیں۔ کہ بندہ نے خدا تعالےٰ کی جو صفات آسمانی کتاب میں پڑھیں اور معلوم کی ہیں کہ خدا ایسا رحیم و کریم ہے۔ ایسا ستّار و غفّار ہے۔ اس کو ایک ایسی ہستی مل جاوے کہ جس میں وہ صفات پائی جاتی ہوں۔ اور وہ اُن صفات کا مشاہدہ کر لے۔ ورنہ عرفان کے یہ معنی نہیں کہ انسان کو یہ معلوم ہو جائے۔ کہ خدا رحیم کریم اور رحمٰن ہے۔ کیونکہ یہ تو ہر مسلمان جانتا ہی ہے۔ اور اگر یہی عرفان ہوتا۔ تو اور زیادہ عرفان حاصل کرنے کی ضرورت ہی نہ رہتی اور خدا تعالےٰ کی مختلف صفات جو قرآن اور حدیث میں

بیان کی گئی ہیں۔ ان کو معلوم کر کے ہر ایک انسان عارف کہلا سکتا ۔ مگر ایسا نہیں ہوتا۔ سب لوگ مانتے ہیں کہ خدا ربّ ہے۔ وہ مانتے ہیں کہ خدا رحیم ہے۔ وہ اقرار کرتے ہیں کہ خدا کریم ہے۔ حفیظ ہے مُہیمن ہے۔ مگر ان کو عارف باللہ نہیں کہا جاتا۔ جس سے معلوم ہوتا ہے۔ کہ محض خدا تعالےٰ کی صفات کو جان لینے سے کوئی انسان عارف نہیں ہو سکتا۔ دراصل عارف باللہ وہ ہوتا ہے جو خدا کو پہچان لیتا ہے۔ اور اس پہچاننے کی تشریح یہ ہے کہ اس میں جو باتیں ایسی ہیں جو اور کسی ہستی میں نہیں پائی جاتیں۔ اُن کا مشاہدہ کر لیتا ہے۔ اس کی مثال یہ ہے کہ کسی نے سُنا ہو کہ زید کی شکل ایسی ہے۔ اس کی عادات ایسی ہیں۔ اس کی صفات ایسی ہیں۔ اس کا قد اتنا ہے۔ وہ کپڑے اس طرح کے پہنا کرتا ہے۔ اَب وہ کسی جگہ ان خصوصیّات کا آدمی دیکھے۔ اور ان خصوصیّات کا خیال کر کے سمجھ لے۔ کہ یہ زید ہے تو کہیں گے کہ اس نے زید کو پہچان لیا۔ اسی طرح عرفانِ الٰہی کے یہ معنی ہیں کہ خدا تعالےٰ کی صفات کا علم حاصل ہونے کے بعد انسان کو یہ بھی معلوم ہو جائے کہ یہ صفات جو ایک ہستی میں بتائی جاتی ہیں۔ وہ فلاں ہے۔ ایسا انسان صرف یہی نہیں جانتا کہ ایک ہستی مُحیّ ہے۔ بلکہ وہ ایک ایسی ہستی کو پالیتا ہے اور مشاہدہ کر لیتا ہے کہ واقعی یہی مُحیّ ہے تو عرفان کے یہ معنی ہیں کہ جو باتیں سُنی ہوئی ہیں۔ ان کو کسی ہستی میں پالیا جائے۔ اور معلوم ہو جائے کہ یہی وہ ہے جس کی فلاں فلاں صفات ہیں۔ مگر افسوس کہ بہت لوگوں کو پتہ ہی نہیں ہوتا۔ کہ عرفان کیا ہے۔ اور وہ یونہی سُنے ہوئے الفاظ کو سامنے رکھ کر روتے اور چلّاتے ہیں کہ ہمیں عرفان حاصل ہو جائے۔ ان سے اگر پُوچھا جائے تو ۹۹ فیصدی نہیں۔ بلکہ ہزار میں سے ۹۹۹ کچھ بھی نہیں بتا سکیں گے۔ ان کی مثال ایسی ہوتی ہے جیسا کہ رات کے اندھیرے میں کوئی شخص ہاتھ پاؤں مارے اور کچھ تلاش کرے لیکن اسے یہ بھی معلوم نہ ہو کہ مَیں کیا تلاش کرتا ہوں۔ اَب اگر اسے وہ چیز مِل بھی جائے۔ جس کا اس نے صرف نام

سُنا ہُوا ہے۔ اور نہیں جانتا کہ اس میں کیا باتیں پائی جاتی ہیں۔ اس کی کیا صفات ہیں۔ اور وہ کس طرح کی ہے۔ تو اسے پہچان ہی نہیں سکے گا۔ اور اُس کو پھینک کر پھر اپنی تلاش کو جاری کرے گا۔ مثلاً ایک شخص کہے کہ مجھے زید سے ملنا ہے۔ مگر اسے یہ معلوم نہ ہو کہ زید کہاں رہتا ہے۔ اس کی کیسی شکل ہے۔ کیسی عادات ہیں۔ اَب اگر اسے زید کہیں مل بھی جائے تو اس کے پاس سے گذر جائے گا۔ اور اسے پہچان ہی نہیں سکے گا۔ اسی طرح وہ انسان جو عرفانِ الٰہی کے متعلق جانتے ہی نہیں کہ کیا ہوتا ہے۔ اوّل تو وہ اس بات کے مستحق ہی نہیں کہ انہیں عرفانِ الٰہی حاصل ہو۔ اور خُدا ملے لیکن اگر کسی طرح وہ خُدا تعالےٰ کی صفات کا مشاہدہ بھی کرلیں تو انہیں کیا معلوم ہوسکے گا۔ اور وہ اس کی ذات کو دیکھتے ہوئے بے پہچانے آگے گذر جائیں گے۔ ایسے لوگوں کی جو بلا معرفت اور عرفانِ الٰہی کی حقیقت کو سمجھے بغیر اس کی جستجو میں لگ جاتے ہیں۔ بعینہٖ اس شخص کی مثال ہے جس کی نسبت کہتے ہیں کہ اس نے کسی راستہ پر گذرنے والے سے کچھ شعر سُنے۔ جن میں کسی معشوق کی بہت تعریف کی گئی تھی اور اس کی نسبت بتایا گیا تھا۔ کہ وہ اس قدر خوبصورت ہے کہ ساری دُنیا اس پر عاشق ہو گئی ہے۔ اس نے خیال کیا جب ساری دُنیا اس پر عاشق ہو رہی ہے تو پھر مَیں بھی کیوں اس کا عاشق نہ ہوں۔ وہ بھی عاشق کہلانے اور اس کی تعریف اور فرقت میں شعر پڑھنے لگ گیا وہ ایک مدرسہ میں مدّرس تھا۔ ایک دن اس کا کوئی دوست مدرسہ میں اسے ملنے کے لئے گیا۔ وہاں سے معلوم ہُوا کہ وہ تو کچھ عرصہ سے یہاں آتا ہی نہیں۔ پھر وہ اُس کے گھر گیا۔ اور جاکر لونڈی سے کہا کہ اپنے مالک کو کہو۔ ایک آدمی تم سے ملنا چاہتا ہے۔ لونڈی نے کہا۔ کہ آج کل تو وہ کسی سے ملتا نہیں۔ کیونکہ اسے سخت صدمہ پہنچا ہُوا ہے۔ اُس نے کہا کہ تُو جاکر میرا ذکر اس سے کردے اگر اس نے پھر بھی ملنے سے انکار کر دیا تو مَیں واپس چلا جاؤں گا۔ اس نے جاکر پیغام سُنا دیا۔ جس پر اس شخص نے اس شخص کو اندر بُلا لیا۔ جب اندر گیا تو

دیکھا کہ وہ بہت دُبلا پتلا اور کمزور ہوگیا ہے۔ پوچھا کیا حال ہے اُس نے کہا مجھ پر بڑا صدمہ پڑا ہے۔ دوست نے کہا۔ کیا کوئی رشتہ دار فوت ہوگیا ہے۔ اس نے کہا رشتہ دار دُنیا میں فوت ہُوا ہی کرتے ہیں۔ دوست نے کہا۔ پھر کیا ہوا ہے۔ اُس نے کہا میری معشوقہ مرگئی ہے۔ دوست نے پوچھا وہ کون تھی اور کہاں رہتی تھی۔ اس کا کیا نام تھا۔ اس نے کہا مجھے اس کا نام معلوم نہیں۔ اور نہ یہ جانتا ہوں کہ کہاں رہتی تھی۔ اور نہ ہی یہ پتہ ہے کہ اس کا حلیہ کیا تھا۔ دوست نے کہا۔ جب آپ اس کی شکل تک کے واقف نہیں ہیں۔ تو پھر اس پر عاشق کیونکر ہو گئے۔ اس نے کہا۔ اصل بات یہ ہے کہ مَیں ایک دن مسجد میں بیٹھا ہُوا تھا کہ کوئی شخص یہ شعر پڑھتا جارہا تھا۔ کہ فلاں عورت پر ساری دُنیا عاشق ہوگئی ہے۔ یہ سُن کر مَیں بھی اس پر عاشق ہوگیا۔ اس کے بعد ایک دن مَیں نے کسی کو یہ شعر پڑھتے ہوئے سُنا کہ "اُمِّ عَمرو گدھے پر سوار ہوکر کسی جگہ گئی تھی۔ مگر نہ وہ لَوٹی اور نہ اس کا گدھا لَوٹا۔ اس پر مَیں نے خیال کیا کہ ہو نہ ہو یہ میری معشوقہ ہے اور وہ لَوٹی جو نہیں تو ضرور مر ہی گئی ہوگی۔ ورنہ اس قدر دیر وہاں ٹھہرنے کی کیا وجہ تھی۔ اب تم خود ہی سمجھ سکتے ہو کہ اس صدمۂ جانکاہ کے بعد مَیں جس قدر بھی رنج و غم کا اظہار کروں۔ تھوڑا ہے۔ اس پر وہ دوست ظاہر میں اس کے صدمہ پر اور دل میں اس کی عقل پر اظہار افسوس کرتا ہُوا اُٹھ کھڑا ہُوا۔

تو ایسے لوگ بھی دُنیا میں ہوتے ہیں جو کہتے ہیں۔ ہائے ہمیں خُدا نہیں ملتا۔ مگر وہ یہ نہیں جانتے کہ خدا ہے کیا؟ عرفانِ الٰہی کے معنے ہیں "خدا کی پہچان" لیکن اس کا مطلب یہ نہیں کہ خدا کی صفات کا علم ہوجائے۔ کیونکہ یہ تو قرآن اور حدیث میں بیان ہوچکی ہیں اگر عرفانِ الٰہی کے معنے خدا کی صفات کا پتہ لگنا ہو تو یہ تو پہلے سے ہی معلوم ہوتی ہیں۔ باقی رہی خدا تعالےٰ کی ذات۔ اس کی کُنہ نہ آج تک کوئی پاسکا ہے۔ اور نہ پاسکتا ہے۔ اس لئے معلوم ہُوا کہ عرفان کے کچھ اور معنی ہیں۔ اور وہ یہی کہ انسان نے خدا کی جو صفات سُنی

اور معلوم کی ہوں۔ وہ جس ہستی میں پائی جاتی ہیں۔ وہ اسے معلوم ہو جائے۔ یہ ہے عرفانِ الٰہی۔ اور اسی کے آگے مختلف نام ہیں۔

عرفانِ الٰہی کے حصول کا طریق

اب اس عرفان کے لئے دیکھنا چاہیئے کہ یہ کس طرح حاصل ہو سکتا ہے۔ اور اس کے حصول کے کیا ذرائع ہیں۔ اس کے لئے سب سے پہلی بات جو میں بیان کرنا چاہتا ہوں وہ یہ ہے کہ کچھ وہ لوگ ہیں جو کوشش کرتے ہیں۔ مگر انہیں عرفان حاصل نہیں ہوتا۔ ان کا ذکر چھوڑ کر اُن کے متعلق کچھ کہنا چاہتا ہوں۔ جو کوشش تو کچھ نہیں کرتے مگر کہتے ہیں کہ ہمیں خدا مل جائے۔ ایسے لوگوں کے اعمال کو اگر دیکھا جائے تو صاف معلوم ہو جاتا ہے کہ وہ خُدا کو پانے کے لئے کچھ بھی کوشش نہیں کرتے۔ اور اُن کا حال ایسا ہی ہوتا ہے جیسا کہ مجلس میں اگر کسی کا ذکر آجائے تو اس کا خیال آجاتا ہے۔ وہ جب کبھی خدا کے حاصل کرنے اور اس کے پانے کا ذکر سُنتے ہیں۔ تو وہ بھی خواہش کرتے ہیں کہ ہمیں خدا مل جائے۔ لیکن ایسے لوگوں کو کسی صورت میں بھی خدا نہیں مل سکتا۔ عرفانِ الٰہی تو ایک بڑی بیش قیمت اور گراں بہا چیز ہے۔ دُنیا میں ہم دیکھتے ہیں۔ کوئی چھوٹی سے چھوٹی چیز بھی بغیر محنت اور کوشش کے نہیں مل سکتی۔ چھوٹے بچے جھاڑیوں سے بیر کھاتے ہیں۔ بیر ایک بہت معمولی سی اور مُفت ہاتھ آنیوالی چیز ہے۔ جنگل میں بڑی کثرت سے پیدا ہوتے ہیں۔ لیکن ان کو حاصل کرنے میں بھی ہاتھ زخمی ہو جاتے ہیں اور کپڑے پھٹ جاتے ہیں۔ پس اگر بیروں جیسی معمولی چیز بھی بغیر محنت اور مشقت کے حاصل نہیں ہو سکتی تو پھر خُدا کس طرح بغیر محنت اور کوشش کے حاصل ہو سکتا ہے۔ دونوں جہانوں میں اگر کوئی چیز ہے۔ تو وہ خدا ہے اور جب بے حقیقت اور معمولی چیزوں کے حاصل کرنے کے لئے کوشش کرنی پڑتی ہے۔ تو پھر کس طرح ممکن ہے کہ خدا جو سب چیزوں کو پیدا کرنے والا ہے۔ وہ صرف ایک آدھ دفعہ آہ کھینچنے۔ اور افسوس کا اظہار کرنے سے مل جائے۔ ایسے لوگوں کو نہ کبھی خدا ملا ہے نہ مل سکتا ہے۔ اور نہ ملے گا۔ کیونکہ خدا کو پانے

کے لئے ضروری ہے کہ مجاہدات کئے جائیں ورنہ اگر کوئی اس اُمید پر بیعت کرتا ہے کہ اِدھر ہاتھ پر ہاتھ رکھا اور اُدھر خدا کی درگاہ میں پہنچ جائے گا۔ تو یہ اس کی غلطی ہے۔ اور وہ کبھی کامیاب نہیں ہو سکے گا۔ بعض نادان سمجھتے ہیں کہ دُنیا میں ایسے بزرگ ہوئے ہیں کہ ادھر انہوں نے کسی کی طرف نظر کی اور ادھر اس کے سارے زنگ دُور ہوگئے۔ اور وہ قطب بن گیا۔ لیکن یہ بالکل غلط ہے۔ خدا کی معرفت اس قدر آسانی سے نہ کبھی ملی ہے۔ اور نہ آئندہ مل سکتی ہے۔ اور اس وقت تک کوئی ایک مثال بھی ایسی نہیں پائی جاتی کہ بغیر کسی قربانی۔ بغیر کسی کوشش اور بغیر کسی محنت کے کسی کو حاصل ہوئی ہو۔ سب سے اعلیٰ درجہ کے انسان تو انبیاء ہیں۔ اولیاء تو اُن سے بہت کم درجہ کے ہوتے ہیں۔ ان کے متعلق یہ کہنا کہ سید عبدالقادر جیلانی نے ایک چور کی طرف دیکھا تو قطب بن گیا۔ یا حضرت معین الدین چشتی کو آپ کے اُستاد نے ایک نظر میں اس درجہ تک پہنچا دیا اور انہیں سب کچھ حاصل ہوگیا۔ بالکل غلط ہے۔ کیونکہ ہم دیکھتے ہیں کہ خُدا تعالیٰ کا وہ رسول جس کے طفیل اور جس کی غلامی سے ان کو سب کچھ ملا۔ اس کو خدا کس طرح ملا۔ اس کے لئے قرآن و حدیث سے پتہ لگ سکتا ہے قرآن میں خدا تعالیٰ رسول کریمؐ کو فرماتا ہے۔ وَوَجَدَكَ ضَآلًّا فَهَدٰى (الضحیٰ: ۸) کہ ہم نے تجھ کو اپنی محبت میں ایسا چُور دیکھا کہ تمہیں اپنے سر پَیر کی بھی خبر نہ رہی۔ اور تُو جب محبتِ الٰہی میں ایسا گُم ہوگیا کہ تجھے اپنا پتہ ہی نہ رہا اس وقت ہم نے تجھے ہدایت دی۔ ضالّ کے اصل معنی محبت میں چُور اور گُم ہونے کے ہیں۔ اور قرآن اس بات کی شہادت دیتا ہے کہ رسول کریمؐ کبھی گمراہی اور ضلالت میں نہیں پڑے مَا ضَلَّ صَاحِبُكُمْ وَمَا غَوٰى (النجم: ۳) بلکہ آپ کے ہر ایک فعل کو اُسوہ حسنہ قرار دیتا ہے لَقَدْ كَانَ لَكُمْ فِیْ رَسُوْلِ اللّٰهِ اُسْوَةٌ حَسَنَةٌ (الاحزاب: ۲۲)۔ اب ضالّ کے معنے ایسے ہی کئے جائیں گے جو دوسری آیات کے مطابق ہوں اور وہ یہی ہیں کہ خدا تعالیٰ فرماتا ہے کہ تو میری محبت میں اس قدر گُم ہوگیا تھا کہ

تجھے پتہ ہی نہ تھا۔ میں کہاں جا رہا ہوں اور تجھے میری تلاش میں اپنے سر پیر کی بھی ہوش نہ رہی۔ تیرے تمام خیالات اور تمام جذبات میری محبت میں گم ہو گئے۔ رسول کریمؐ کے ایسا گم ہونے کو ہم ماننے کے لئے تیار ہیں۔ اور تیار کیا ہم تو کہتے ہیں ایسا ضرور ہوا ہے۔ ایسی شدید محبت پیدا ہونے پر خدا تعالیٰ فرماتا ہے فَهَدٰى اس کے بعد ہم نے ہدایت کی۔ اب دیکھ لو یہ تو محمد صلے اللہ علیہ وسلم کا حال تھا۔ باقی انبیاء کو آپؐ پر قیاس کر لو۔ کیونکہ آپؐ تمام انبیاء کے سردار اور اُن کے احوال کے جامع تھے۔ یہ نہیں کہا جا سکتا۔ کہ آپؐ کو تو خدا کی معرفت کے لئے محنت برداشت کرنی پڑی ہو۔ مگر اوروں کو یونہی حاصل ہو گئی ہو۔ اگر کسی شخص کو محنت کے بغیر یہ نعمت حاصل ہو سکتی تو رسول کریم صلے اللہ علیہ وسلم کو ضرور محنت کے بغیر حاصل ہوتی۔ لیکن جب رسول کریمؐ کے متعلق آیا ہے کہ انہیں اپنے آپ کو مٹانے کے بعد خدا ملا تو یہ خیال بالکل غلط ہو جاتا ہے۔ کہ کسی شخص کو اس اُمت کے اولیاء میں سے ایسی طاقت مل گئی۔ کہ وہ ایک نظر میں لوگوں کو اقطاب بنا دیتے تھے۔ جب محمد صلے اللہ علیہ وسلم کو بغیر محنت کے یہ درجہ نہیں ملا۔ تو اور کسی کو کس طرح مل سکتا ہے۔ پس جو لوگ اس نعمت کو حاصل کرنا چاہتے ہیں۔ انہیں شدید محنت کرنی پڑے گی۔ اس کے بغیر کچھ حاصل ہونا بالکل ناممکن ہے۔ تعجب ہے کہ انگریزی کی اعلیٰ تعلیم حاصل کرنے کے لئے لڑکے کم از کم سولہ سال محنت اور مشقت کرتے ہیں مگر خدا کا عرفان ایک دن میں حاصل کر لینا چاہتے ہیں۔ اس میں شک نہیں کہ عرفانِ الٰہی خدا کے فضل اور اُسی کی توفیق سے حاصل ہو سکتا ہے۔ ورنہ اگر دُنیا کی چیزوں کے حاصل کرنے کے لئے جس قدر محنت اور وقت خرچ ہوتا ہے۔ ان کی نسبت سے اس کے لئے بھی محنت اور وقت رکھا جاتا۔ تو کروڑوں کروڑ سال اس کے لئے لگتے۔ لوگ کہتے ہیں۔ کہ ایک نظر میں حاصل ہو جانی چاہیئے۔ مگر ہم کہتے ہیں۔ اس سے زیادہ اس کا حاصل کرنا کیا آسان ہو سکتا ہے کہ انبیاء اور اولیاء کے ذریعہ چند سالوں یا چند ماہ میں حاصل ہو جاتا ہے اور جتنی جتنی کسی میں

قابلیّت ہوتی ہے اور جس قدر کوئی زیادہ محنت کرتا ہے۔ اتنا ہی جلدی حاصل کر لیتا ہے۔ پس اس بات کو خوب یاد رکھو کہ خدا تعالےٰ کا عرفان یونہی حاصل نہیں ہو جاتا۔ کئی لوگوں کو دیکھا گیا ہے۔ وہ یوں تو چاہتے ہیں کہ خدا مِل جائے مگر ساتھ ہی یہ بھی چاہتے ہیں۔ کہ جھٹ پٹ مِل جائے۔ ہماری جماعت کے لوگوں پر خدا کا فضل ہے اور وہ الگ قسم کے ہیں۔ ورنہ دوسرے لوگ تو اس قسم کی تقریر بھی نہیں سُن سکتے۔ اور کہتے ہیں کہ اِدھر ایک فقرہ مُنہ سے نکلے اور اُدھر وہ عارف باللہ ہو جائیں۔ حالانکہ تقریروں سے نہیں۔ بلکہ بڑی بڑی محنت کرنے، اپنے نفس کو ٹکڑے ٹکڑے کر دینے اور اپنے آپ کو خدا کی محبت میں بھلا دینے کے بعد یہ نعمت حاصل ہو سکتی ہے۔ اور محمد صلی اللہ علیہ وسلّم کے اُسوہ اور سُنّت کے ماتحت اپنے آپ کو خدا کے پانے کے لئے گُم کر دینے پر حاصل ہو سکتی ہے۔ پس تم میں سے وہ لوگ جو عرفانِ الٰہی حاصل کرنے کے خواہش مند ہیں۔ اور مَیں نہیں خیال کرتا کہ کوئی ایک شخص بھی ایسا ہو جو یہ خواہش نہ رکھتا ہو۔ کیونکہ حضرت مسیح موعود کو جو قبول کرتا ہے وہ اسی لئے کہ اسے عرفانِ الٰہی حاصل ہو۔ ان کو چاہیئے کہ اس اَمر کو خوب اچھی طرح ذہن نشین کر لیں۔ اور پھر جو کچھ مَیں آج ان کو بتانا چاہتا ہوں اس کو غور سے سُنیں اور اس پر عمل کرنے کی کوشش کریں۔

مَیں یہ نہیں کہتا کہ وہ ذرائع جو عرفانِ الٰہی کے حصول کے لئے مَیں بتاؤں گا۔ اس سے پہلے تم نے کبھی نہیں سُنے بلکہ ان میں سے بہت سے تم نے پہلے سُنے ہوں گے۔ میری غرض آج کے لیکچر سے یہ ہے کہ مَیں ان اُمور کو جو عرفانِ الٰہی کے حصول کے لئے ضروری ہیں ایسی صورت میں آپ لوگوں کے سامنے اس علم سمیت جو خدا تعالےٰ نے مجھے دیا ہے رکھ دُوں کہ اسے آپ لوگ آسانی سے استعمال کر سکیں اور یاد رکھ سکیں۔ خدا تعالےٰ نے مجھے اس مضمون کے متعلق خاص علم دیا ہے اور یہ کوئی میری ذاتی خُوبی یا میرا اکتسابی علم نہیں ہے۔ اور نہ ہی میری کوشش اور محنت کو اس میں کچھ دخل ہے۔ یہ محض خدا کا فضل اور

رحم ہے۔ جو اس نے مجھ پر کیا ہے۔ اور مجھے ایسا علم دیا ہے۔ کہ میں سمجھتا ہوں جو اُس سے فائدہ اٹھائیں گے وہ بہت جلد اپنے اندر تبدیلی پیدا کر سکیں گے۔ ایک مدت سے میری خواہش تھی کہ اس علم سے اپنی جماعت کو واقف کروں۔ مگر چونکہ یہ علم بہت اہم اور اس کی بہت سی شاخیں ہیں جن کے بیان کرنے کے لئے بہت سے وقت کی ضرورت ہے مگر اس وقت نہ تو اتنی فرصت اور نہ صحت ایسی ہے۔ کہ کوئی لمبی تقریر کر سکوں۔ اس لئے اس وقت صرف ایک شق لی ہے۔ اور منشاء ہے۔ کہ اگر خدا تعالےٰ چاہے تو دوسری شقوں کو بھی بیان کروں۔ مگر میں نہیں جانتا مجھے اس کا موقعہ ملے گا یا نہیں۔ کیونکہ مجھے اور دوسرے دوستوں کو بھی میری صحت کی نسبت بعض مُنذر رؤیا ہوئی ہیں۔ اس لئے اس وقت جس قدر موقعہ ملا ہے اس کے مطابق ایک شق بیان کرتا ہوں۔ اور باقی کو خدا کی منشاء پر چھوڑتا ہوں۔ اگرچہ خدا کی طرف سے بعض بشارتیں بھی ملی ہیں۔ گو وہ ایسی نہیں کہ اُن کے رُو سے قطعی فیصلہ کیا جا سکے کہ مجھے باقی شقوں کے بیان کرنے کا موقعہ ملے گا یا نہیں۔ مگر میرا قیاس ہے کہ موقعہ ملے گا۔ ان بشارتوں میں سے ایک یہ ہے کہ میں نے دیکھا کہ میں بیت الدعا میں بیٹھا تشہّد کی حالت میں دُعا کر رہا ہوں۔ کہ الٰہی میرا انجام ایسا ہو جیسا کہ حضرت ابراہیم کا ہُوا۔ پھر جوش میں آکر کھڑا ہو گیا ہوں اور یہی دُعا کر رہا ہوں کہ دروازہ کھُلا ہے۔ اور میر محمد اسماعیل صاحب اس میں کھڑے روشنی کر رہے ہیں۔ اسماعیل کے معنی ہیں خدا نے سُن لی۔ اور ابراہیمی انجام سے مراد حضرت ابراہیمؑ کا انجام ہے کہ اُن کے فوت ہونے پر خدا تعالےٰ نے حضرت اسحٰق اور حضرت اسماعیل دو قائم مقام کھڑے کر دیئے۔ یہ ایک طرح کی بشارت ہے جس سے آپ لوگوں کو خوش ہو جانا چاہیئے۔

توجہ سے ملنے کی تاکید

اَب میں اپنے مضمون کی طرف لَوٹتا ہوں۔ میں کہہ چکا ہوں کہ عرفانِ الٰہی کے حصُول کے لئے بہت بڑی کوشش کی ضرورت ہے۔ اور اس کے بغیر یہ نعمت حاصل نہیں ہو سکتی۔ اور نہ علم کامل کے بغیر حاصل

ہو سکتی ہے۔ پس جو کچھ میں سناؤں اسے غور سے سنو۔ کیونکہ غور سے سنے بغیر کوئی بات یاد نہیں رہ سکتی اور جو بات یاد ہی نہ رہے۔ اس پر عمل بھی نہیں ہو سکتا۔ پس میں بڑی محبت اور اخلاص سے کہتا ہوں۔ کہ اس وقت اگر کوئی سوتا ہے تو جاگ اٹھے۔ اگر کوئی غافل ہے تو ہوشیار ہو جائے۔ اگر کسی کی توجہ دوسری طرف ہے تو اس طرف کرے۔ کیونکہ میں وہ کچھ سنانے لگا ہوں جس کے سننے میں تمہارا ہی فائدہ ہے۔ میں تم سے اس کے بدلے میں کچھ مانگتا نہیں۔ کوئی مطالبہ نہیں کرتا۔ بلکہ محض اس لئے سناتا ہوں کہ میں اپنا وہ فرض ادا کردوں جو مجھ پر عائد ہوتا ہے۔ اور تم اس سے نفع اٹھالو۔ اگر تم اس پر عمل کرو گے جو میں تمہیں بتاؤں گا۔ تو دیکھو گے کہ تمہیں کیا کچھ حاصل ہوتا ہے اور اس سے تم کسقدر لذت اٹھاتے ہو۔ مگر یاد رکھو جو کچھ میں بتاؤں گا وہ کوئی جادو کی بات نہیں ہوگی کہ سنتے ہی رات کو عمل کر لیا جائے اور صبح انسان عارف بن جائے میں نے پہلے ہی کہہ دیا ہے کہ عرفان الٰہی اس طرح حاصل نہیں ہوا کرتا۔ بلکہ اپنے نفس کے مٹا دینے سے۔ ہاں ان باتوں کو یاد رکھنے سے یہ فائدہ ہوگا کہ جس طرح لوگ شکایت کرتے ہیں کہ باوجود محنت کرنے کے ان کو کچھ حاصل نہیں ہوتا۔ وہ شکایت تم کو پیدا نہ ہوگی۔ اور تم خدا تعالےٰ کو انہی صفات کے مطابق دیکھ لو گے جو قرآن کریم میں بیان ہے۔ انشاء اللہ تعالےٰ۔

دُعا بغیر ذرائع کے قبول نہیں ہوتی

سب سے پہلی جو بات میں بیان کرنی چاہتا ہوں وہ کوشش کرنے کے متعلق خاص ہدایت ہے۔ یہ بات خوب اچھی طرح یاد رکھنی چاہیئے۔ کہ ہر ایک چیز کے حصول کے کچھ ذرائع ہوتے ہیں۔ جب ان ذرائع کو عمل میں نہ لایا جائے وہ چیز حاصل نہیں ہو سکتی۔ لوگ کہتے ہیں کہ دعا سے خدا حاصل ہو جاتا ہے۔ بے شک دعا بہت بڑی چیز ہے مگر اس کے ساتھ بھی کچھ اور ذرائع کی ضرورت ہے۔ اور جب تک وہ نہ ہوں۔ تو وہ بھی قبول نہیں

ہوسکتی۔ مثلاً کوئی شادی کرکے بیوی کے پاس تو نہ جائے۔ اور دُعائیں کرتا رہے کہ میرے ہاں اولاد ہوجائے تو کیا اس کی دُعا قبول ہوجائے گی؟ ہرگز نہیں۔

ایک بزرگ کا قصّہ

ایک بزرگ کے متعلق لکھا ہے۔ ان کے پاس کوئی شخص آیا اور آکر کہا۔ آپ دُعا کریں خدا مجھے بیٹا دے۔ یہ کہہ کر وہ چل پڑا۔ اس سے انہوں نے پوچھا کہاں جاتے ہو۔ اس نے کہا۔ کہیں نوکری کرنے جاتا ہوں۔ انہوں نے کہا اگر تم نوکری کرنے جارہے ہو تو میری دُعا کیا قبول ہوگی۔ تو جب تک ذرائع سے کام نہ لیا جائے۔ صرف دُعا کرنے سے کچھ نہیں بن سکتا۔ اور دُعا بغیر کوشش کے کوئی ثمرہ نہیں دے سکتی۔ دُعا اسی صورت میں کام آتی ہے۔ جب اس کے ساتھ عمل ہو۔ ہاں دو صورتیں ایسی ہوتی ہیں کہ بغیر عمل کے دُعا فائدہ دیتی ہے۔ ایک تو یہ کہ خدا تعالےٰ کی طرف سے انسان کو حکم دے دیا جائے کہ فلاں کام کیلئے دُعا کر۔ عمل نہ کر۔ یعنی ظاہری سامان کو اس کام کے لئے استعمال نہ کر۔ جیساکہ مسیح موعود کو فرمایا گیا تھا کہ طاعون سے بچنے کے لئے وہ دُعا پر زور دیں اور ٹیکا نہ لگائیں۔ اور نہ آپ کی جماعت ٹیکا لگوائے .... تو باوجود اس کے کہ یہ ٹیکا طاعون کا علاج تھا۔ اور ہے۔ خدا تعالےٰ نے آپ کو اس کے لگانے سے منع کردیا۔ اور دُعا کا حکم دیا اور خُدا تعالےٰ کے فضل سے احمدی جماعت اِن ٹیکا لگانے والوں کی نسبت بہت کم اس مرض کا شکار ہوئی۔

دوسری صورت یہ ہوتی ہے کہ ایسا موقعہ ہو۔ کہ انسان عمل کر ہی نہ سکے۔ مثلاً ایک ایسا شخص ہو۔ جسے جنگل میں قید کر دیا گیا ہو۔ اور اس کے ہاتھ پاؤں باندھ دیئے گئے ہوں۔ اَب چونکہ یہ شخص عمل کر ہی نہیں سکتا۔ اس کیلئے محض دُعا کرنا ہی کافی ہے۔ لیکن جب اس قسم کی روکیں نہ ہوں۔ اس وقت دُعا کے ساتھ عمل کا ہونا ضروری ہوتا ہے۔ تو صرف یہ دو موقعے ایسے ہوتے ہیں جبکہ دُعا

بغیر عمل کے منظور ہو سکتی ہے۔ ورنہ نہیں۔ پھر صرف دُعا اور کوشش کرنے سے بھی خدا نہیں مل سکتا۔ مَیں نے خود دیکھا ہے۔ بعض لوگ بڑی کوشش کرتے ہیں۔ لیکن ان کو خدا نہیں مل سکتا۔ جس سے معلوم ہؤا کہ یہ بھی کافی نہیں۔ اَب سوال ہوتا ہے کہ جب کوئی ان دونوں باتوں سے کام لیتا ہے یعنی دُعا بھی کرتا ہے اور کوشش بھی۔ تو پھر کیوں خدا نہیں حاصل ہوتا۔

کامیابی کیلئے صحیح کوشش شرط ہے

اس کا جواب یہ ہے۔ کہ اس کی کوشش صحیح کوشش نہیں ہوتی۔ وہ کوشش کرتا ہے۔ لیکن صحیح کوشش نہیں کرتا۔ اور کامیابی کے لئے شرط یہ ہے کہ کوشش کی جائے۔ اور صحیح طریق سے کی جائے۔ مثلاً ایک طالب علم جو مدرسہ میں پڑھنے کے لئے جاتا ہے اس کے لئے ضروری ہے۔ کتابیں خریدے۔ اَور انہیں پڑھے۔ لیکن اگر وہ کتابیں تو نہ پڑھے اور سارا دن دُعائیں کرتا رہے کہ مجھے علم حاصل ہو جائے۔ تو کیا اُسے حاصل ہو جائے گا؟ ہرگز نہیں۔ یا کیا اگر وہ سارا دن اُلٹا لٹکا رہے یا اپنے جسم کو سُوئیاں مارتا رہے۔ اور سمجھے کہ مَیں بڑی مشقت کر رہا ہوں۔ اس لئے پاس ہو جاؤنگا۔ تو وہ پاس ہو جائے گا؟ ہرگز نہیں۔ یا ایک شخص جو لوہاری کا کام سیکھنا چاہے۔ وہ سارا دن نماز پڑھتا رہے۔ اور ساری رات سُبْحَانَ اللّٰہِ وَ بِحَمْدِہٖ سُبْحَانَ اللّٰہِ الْعَظِیْم پڑھتا رہے۔ جس کی نسبت رسول کریم صلے اللہ علیہ وآلہ وسلم فرماتے ہیں کَلِمَتَانِ حَبِیْبَتَانِ اِلَی الرَّحْمٰنِ خَفِیْفَتَانِ عَلَی اللِّسَانِ ثَقِیْلَتَانِ فِی الْمِیْزَانِ۔ یعنی یہ دو کلمے ایسے ہیں کہ خُدا تعالےٰ کو پیارے ہیں۔ زبان پر ہلکے معلوم ہوتے ہیں۔ لیکن میزان میں بوجھل ہیں۔ یا سارا دن کنوآں کھودتا رہے۔ یا کڑاکے کی دھوپ میں ننگا ہو کر لوٹتا رہے۔ تو لوہاری کا کام آجائے گا؟ ہرگز نہیں۔ اس لئے ہر ایک کام

میں کامیابی حاصل کرنے کے لئے دُعا اور صحیح کوشش کی ضرورت ہے۔ اور جو ایسا نہیں کرتا وہ خواہ کتنی ہی دُعا کرے اور کتنی ہی محنت و مشقت برداشت کرے۔ کبھی کامیاب نہیں ہو سکتا۔ پس کامیابی کے لئے ضروری ہے کہ صحیح ذرائع سے کام لیا جائے۔

معرفتِ الٰہی کے تین طریقے

اس لئے مَیں سب سے پہلے معرفت الٰہی حاصل کرنے کے لئے یہ تین باتیں بتاتا ہوں۔

اوّل یہ کہ انسان دُعا کرے۔
دوم یہ کہ کوشش کرے۔
سوم یہ کہ صحیح طریق سے کوشش کرے۔

اس کے بعد جو باتیں مَیں بتاؤں اِن کو یاد کر لو اور پھر کوشش کرو۔ اور اس رنگ میں کوشش کرو۔ جو مَیں بیان کروں گا تو انشاءاللہ ضرور تمہیں کامیابی ہو گی۔ ہاں صحیح کوشش کے لئے ایک اور بات ضروری ہے اور وہ یہ کہ وہ سب پہلوؤں پر حاوی ہونی چاہئیے۔ جن کا کسی مقصد میں کامیاب ہونے کے ساتھ تعلق ہے۔ مثلاً وہ طالب علم جو انٹرنس کا امتحان دینا چاہتا ہے۔ اس کے لئے ضروری ہے کہ جہاں تاریخ اور جغرافیہ پڑھے۔ وہاں حساب بھی سیکھے اور اس کے ساتھ وہ باتیں بھی یاد کرے۔ جن کا انٹرنس کے امتحان کے ساتھ تعلق ہے۔ لیکن اگر کوئی کسی مضمون کو چھوڑے گا۔ اور اُسے یاد نہیں کرے گا تو گو دوسرے مضامین میں کتنی ہی محنت اور کوشش صَرف کرے کبھی کامیاب نہیں ہو سکے گا۔ پس کسی مقصد کے حاصل کرنے کے لئے کوشش کا سب پہلوؤں پر حاوی ہونا ضروری ہے۔

اِسلام پر اعتراض اور اس کا جواب

لوگ کہتے ہیں کہ اسلام میں تنگ ظرفی پائی جاتی ہے۔ کیونکہ اسلام کہتا ہے۔ کہ

میرے سوا اور کوئی مذہب حق پر نہیں ہے۔ حالانکہ چاہیئے یہ تھا کہ کہا جاتا۔ کہ ہر مذہب پر چلنے والا انسان نجات پا سکتا ہے۔ تعجّب ہے کہ یہ اعتراض کرنے والے قانونِ قدرت کی طرف نہیں دیکھتے۔ کہ اس کے ہر ایک کام میں کیا نتیجہ نکل رہا ہے۔ وہ کہتے ہیں۔ جب ایک ہندو۔ ایک عیسائی۔ ایک آریہ کے دل میں خُدا کی محبت ہے اور وہ خُدا کو پانے کی کوشش بھی کرتا ہے۔ تو پھر کیا وجہ ہے۔ وہ خُدا کو نہ پائے۔ مَیں کہتا ہوں۔ اس کی وہی وجہ ہے۔ جو لوہاری کا کام سیکھنے کے لئے دُھوپ میں لوٹنے سے اس کام کے نہ آنے کی ہے۔ جو علم حاصل کرنے کے لئے اُلٹا لٹکے رہنے سے علم کے نہ آنے کی ہے۔ سب لوگ جانتے ہیں کہ جب تک کسی کام کے لئے صحیح کوشش نہ کی جائے۔ اس وقت تک وہ حاصل نہیں ہو سکتا۔ پس جب دُنیاوی اُمور میں یہ قانون چلتا ہے۔ تو پھر کیا وجہ ہے۔ کہ رُوحانی اُمور میں بھی یہی قانون نہ چلے۔ پس کسی دینی اَمر میں بھی اس وقت تک کامیابی نہیں ہو سکتی جب تک کہ ان شرائط کی پابندی نہ کی جائے جو اس کے لئے مقرر ہوں

کامیابی کے دو۲ اصول

کسی کام میں کامیابی حاصل کرنے کے لئے دو۲ طریق ہوتے ہیں۔

اوّل یہ کہ کچھ عام اصول ہوتے ہیں۔ ان کے ماتحت کچھ لوگ کام سیکھتے ہیں مثلاً علم حاصل کرنے کے لئے طالب علم مدرسہ میں جاتے اور پڑھائی کا جو کورس مقرر ہوتا ہے۔ وہ پڑھتے ہیں۔ اور کامیاب ہو جاتے ہیں۔

دوسرے بعض خاص گُر ہوتے ہیں۔ ان کو یاد کر لیا جائے تو وہ کام آ جاتا ہے جس کے لئے وہ گُر مقرر ہوتے ہیں۔ مثلاً "الجبرا" کے فارمولے ہوتے ہیں۔ ان کے یاد کر لینے سے "الجبرا" کا علم آ جاتا ہے۔ یا ہندسوں نے حساب کرنے کے خاص گُر بنائے ہوتے ہیں۔ اُن سے جھٹ پٹ حساب کر لیتے ہیں۔ تو ہر ایک کام کے لئے ایک عام

طریق ہوتا ہے اس پر عمل کرنے سے کامیابی ہوسکتی ہے۔ اور کچھ خاص گُر ہوتے ہیں۔ ان کے ذریعہ انسان نسبتاً آسانی کے ساتھ صحیح نتیجہ پر پہنچ جاتا ہے۔ ہر ایک اَمر کے متعلق یہ دونوں باتیں ہوتی ہیں۔ خواہ وہ اَمر رُوحانی ہو یا جسمانی۔ لیکن یاد رکھنا چاہیئے کہ گُر اُسی وقت مفید اور نتیجہ خیز ہوتے ہیں۔ جبکہ پہلے عام قواعد معلوم ہوں۔ یہ نہیں کہ کوئی صرف گُر سیکھ لے۔ کہ انگریزی اس طرح پڑھی جاتی ہے تو اسے انگریزی آ جائے کیونکہ گُر دراصل کام کو چھوٹا اور جلدی کرنے کے لئے ہوتے ہیں۔ نہ کہ اس میں کامیاب ہونے کے لئے۔

اس وقت مَیں جو مضمون بیان کرنے لگا ہوں۔ اس کے مَیں عام قاعدے بیان کروں گا۔ گُر نہ بیان کروں گا۔ کیونکہ وہ مستقل مضمون ہے اور گُر نہ بیان کرنے سے کوئی حرج بھی نہیں ہے کیونکہ یہ ٹھیک ہے۔ کہ گُروں کے ذریعہ گھنٹوں کا کام منٹوں میں اور سالوں کا کام مہینوں میں ہوسکتا ہے۔ مگر ان سے اسی وقت فائدہ حاصل کیا جاسکتا ہے۔ جبکہ اصل قواعد آتے ہوں۔ اس لئے ضروری ہے کہ پہلے عام قاعدے سیکھے جائیں اور جب اِن پر عمل شروع ہو جائے تو پھر کام کو مختصر کرنے اور نتیجہ تک جلدی پہنچنے کے لئے گُروں کو سیکھا جائے۔ پس چونکہ وہ ایک الگ اور مستقل مضمون ہے۔ اس لئے آج مَیں اسے نہیں چھیڑوں گا۔ اگر اللہ تعالےٰ نے توفیق دی تو پھر کبھی بیان کروں گا۔ اور آج عام قاعدے بیان کروں گا۔

عرفانِ الٰہی کا تعلق قلب سے ہے زبان سے نہیں

یہاں یہ بیان کر دینا بھی ضروری ہے کہ معرفتِ الٰہی کوئی ایسی چیز نہیں ہے۔ کہ جس کی اصل حقیقت کو لفظوں میں بیان کیا جاسکے۔ اگر ایسا ہوسکتا تو ہر ایک شخص کے ذہن نشین کرائی جاسکتی اور ہر ایک شخص اس کو سمجھ سکتا۔ مگر ایسا نہیں ہوتا۔ رسولِ کریم صلے اللہ علیہ وآلہٖ وسلم سے بڑھ کر اور کس کو انسانوں سے محبت

اور ہمدردی ہو سکتی ہے۔ خدا تعالیٰ آپ کے متعلق فرماتا ہے۔ لَعَلَّكَ بَاخِعٌ نَّفْسَكَ اَلَّا يَكُوْنُوْا مُؤْمِنِيْنَ (الشعراء:۴) کہ کیا تو اپنے آپ کو اس لئے ہلاک کرے گا کہ سب لوگ مومن کیوں نہیں ہو جاتے۔ تو محمد صلے اللہ علیہ وسلم جو لوگوں کے اس قدر خیر خواہ تھے کہ اللہ تعالیٰ نے ان کے حق میں فرمایا ہے کہ کیا تو ان کے لئے اپنے آپ کو ہلاک کرے گا۔ وہ اگر معرفت الٰہی کو لفظوں میں بیان کر سکتا تو ضرور کر دیتا۔ لیکن آپ نے بھی بیان نہیں کیا۔ جس سے معلوم ہوتا ہے کہ عرفانِ الٰہی چیز ہی ایسی ہے جو لفظوں میں بیان نہیں ہو سکتی۔ اس کا تعلق قلب سے ہے جیسا کہ میں نے بتایا ہے۔ عرفانِ الٰہی خدا کو پالینے کو کہتے ہیں۔ اور اس کی حقیقت لفظوں میں نہیں بتائی جا سکتی۔ اگر ایسا ہو سکتا تو رسول کریم صلے اللہ علیہ وسلم اور حضرت مسیح موعود سب کو عارف بنا جاتے۔ پس میں بھی حقیقت بیان نہیں کروں گا۔ اور نہ کر سکتا ہوں۔ ہاں اس کے حصول کے ذرائع جو بتائے گئے ہیں وہ بیان کروں گا۔

کہتے ہیں کہ مرید کے احوال سے پیر آگاہ نہیں ہوتا۔ اور پیر کی حالت سے مرید کو کوئی خبر نہیں ہوتی۔ اس کا مطلب یہی ہے کہ ان کے دل میں جو کیفیتیں ہوتی ہیں۔ وہ ایک دوسرے کو معلوم نہیں ہوتیں۔ اور ایک کی قلبی کیفیت کو دوسرا معلوم نہیں کر سکتا۔ دراصل یہ ایک علمی استعداد ہوتی ہے۔ جس کو لفظوں میں بیان نہیں کیا جا سکتا۔ حتّٰی کہ جس کو یہ حاصل ہوتی ہے وہ خود بھی اُسے بیان نہیں کر سکتا۔ ہاں اس کے حاصل کرنے کے طریق ہیں۔ وہ بیان کئے جا سکتے ہیں۔ اور وہی بیان کروں گا۔ آگے یہ کہ ان پر عمل کرنے سے کیا کیفیت پیدا ہوتی ہے۔ اس کو نہ کوئی آج تک بیان کر سکا ہے اور نہ میں بیان کر سکتا ہوں۔ جس طرح یہ تو کسی کو بتایا جا سکتا ہے کہ میٹھا اس طرح بنتا ہے اس طرح کا ہوتا ہے۔ لیکن اس کا مزا نہیں

بتا سکتے۔ جب تک کہ کھلا نہ دیں۔ اسی طرح یہ تو بتا سکتے ہیں کہ عرفانِ الٰہی اس طرح ہوتا ہے۔ لیکن یہ نہیں بتا سکتے کہ اس کی کیفیت کیا ہوتی ہے۔ ہاں جب کوئی اسے حاصل کرلے تو اسے اس کی کیفیت خود بخود معلوم ہوجاتی ہے۔

اَب مَیں بیان کرتا ہوں کہ عرفانِ الٰہی حاصل کرنے کے صحیح ذرائع اور طریق کیا ہیں۔ یہ تو مَیں بتا چکا ہوں کہ عرفانِ الٰہی کے معنے ہیں۔ اس ہستی کا پتہ لگانا جس کی صفات کو قرآن کریم میں پڑھا ہے۔ اَب یہ دیکھنا ہے کہ پتہ لگانے کے کیا ذرائع ہیں۔ اس کے لئے یاد رکھنا چاہیئے کہ اگر پتہ لگانے کے یہ معنے ہیں کہ انسان خدا کو دوسری چیزوں کی طرح اپنے سامنے پالے۔ اور اسے اپنے مادی اعضاء سے چھو لے۔ تو اس کے لئے ضروری ہے کہ انسان میں بھی وہ باتیں پائی جائیں جو خدا تعالےٰ میں ہیں۔ کیونکہ دُنیا میں ہم دیکھتے ہیں کہ ہمارے مادّی اعضاء جن چیزوں کو چھوتے ہیں۔ وہ مادی ہی ہوتی ہیں۔ اور جتنا جتنا مادہ اشیاء میں کم ہوتا جاتا ہے۔ وہ اتنی ہی کم محسوس ہوتی ہیں۔ وجہ یہ کہ جب تک دو چیزوں میں مشارکت نہ ہو۔ اس وقت تک ان کا آپس میں تعلق نہیں پیدا ہوسکتا۔ مثلاً بھینس اور علوم میں کسی قسم کی مشارکت نہیں۔ اَب اس کے سامنے فلسفہ بیان کیا جائے۔ تو کبھی نہیں سمجھ سکے گی۔ اسی طرح طوطے میں گو زبان کی مشارکت ہے۔ لیکن عقل کی مشارکت نہیں رکھتا۔ اس لئے آواز کی نقل تو اُتار لیتا ہے۔ لیکن کوئی بات سمجھ نہیں سکتا۔ اس سے معلوم ہُوا۔ کہ عرفانِ الٰہی کے لئے مشارکت اور مناسبت کا ہونا ضروری ہے۔ اور خدا کا عرفان اسی وقت حاصل ہوسکتا ہے جبکہ خدا سے مشارکت پیدا ہوجائے۔ اور خُدا کی صفات انسان کے اندر آجائیں۔ یہ تو مَیں نہیں کہتا۔ کہ جب تک ہماری ہستی خُدا کی طرح نہ ہوجائے۔ اس وقت تک عرفان الٰہی حاصل نہیں ہوسکتا۔ ہاں یہ کہتا ہوں۔ جو نبی کریم صلے اللہ علیہ وسلم نے فرمایا ہے تَخَلَّقُوْا بِاَخْلَاقِ اللّٰہِ۔ کہ خدا کے اخلاق اپنے اندر

پیدا کرو۔ رسولِ کریمؐ نے یہ اسی لئے فرمایا ہے کہ تم میں اور خدا میں مشارکت پیدا ہو جائے اور جب مشارکت پیدا ہو جائے گی۔ تو تم خُدا کو دیکھ لوگے۔ یہ نہیں فرمایا کہ تم خدا جیسی ذات بن جاؤ۔ بلکہ یہی فرمایا ہے کہ اپنے اخلاق خدا کے اخلاق کی طرح بناؤ۔ وجہ یہ کہ خدا تعالےٰ کی ذات کو کوئی سمجھ ہی نہیں سکتا۔ اور جب سمجھ نہیں سکتا۔ تو اس کی مماثلت بھی نہیں اختیار کر سکتا۔ پس اللہ تعالےٰ کی ذات کو دوسری چیزوں کی طرح انسان نہیں دیکھ سکتا۔ ہاں اُس کی صفات جنہیں وہ معلوم کر سکتا ہے۔ اپنے اندر پیدا کر سکتا ہے۔ اس طریق سے خدا کو دیکھ بھی سکتا ہے۔ اس لئے رسول کریم صلی اللہ علیہ وسلم نے خدا کے اخلاق اپنے اندر پیدا کرنے کی طرف توجہ دلائی ہے۔ اور اللہ تعالےٰ کے اخلاق سے مراد اس کی صفات ہیں۔

صفات کا لفظ زبان پر آتے ہی ایک دوست کی خواب یاد آگئی۔ اُس نے بتایا تھا کہ مَیں نے دیکھا ہے۔ آپ سالانہ جلسہ میں اسماء الٰہی پر تقریر کر رہے ہیں۔ اس لئے اسماء الٰہی پر تقریر کریں۔ جس وقت یہ خواب بتلائی گئی۔ اُس وقت جلسہ کے لئے اور مضمون مقرر ہو چکا تھا۔ مگر اَب صفات کا لفظ زبان پر آتے ہی ان کی خواب یاد آگئی۔

تو خدا تعالےٰ کی صفات اپنے اندر پیدا کرنا معرفتِ الٰہی حاصل کرنے کے لئے ضروری ہے۔ کیونکہ جب تک انسان ایک قسم کا ربّ نہ ہو۔ ایک قسم کا رحمٰن نہ ہو۔ ایک قسم کا رحیم نہ ہو۔ مُہیمن نہ ہو۔ ستّار نہ ہو۔ غفّار نہ ہو۔ اُس وقت تک اللہ تعالےٰ کا مظہر انسان نہیں ہو سکتا۔ اور جتنا جتنا صفاتِ الٰہیہ کا پَرتو اس پر پڑتا جائے گا۔ اسی قدر وہ صفاتِ الٰہیہ کا مشاہدہ کرتا جائے گا۔ لیکن کامل انسان وہی ہوگا۔ اور وہی عارف ہوگا جو اللہ تعالےٰ کی ان تمام صفات کو جو بندہ کے ساتھ تعلّق رکھتی ہیں۔ اپنے اندر پیدا کرے۔ اس کے بعد خُدا کا ملنا اُس کے لئے آسان ہو جائے

گا. کیونکہ اس میں اور خدا میں ایک تعلق پیدا ہو جائے گا۔

اَب سوال ہوتا ہے کہ صفات الٰہی اپنے اندر کیونکر پیدا کی جائیں۔ کسی نے کہا ہے ؎

دَرد سَر کے واسطے صندل کو کہتے ہیں مفید

اس کا گھِسنا اور لگانا دَردِ سر یہ بھی تو ہے

صفاتِ الٰہی کے حصُول کا طریق

تو کہا جاتا ہے کہ یہ نکتہ تو معلوم ہو گیا کہ عرفانِ الٰہی حاصل کرنے کے لئے خُدا کی صفات حاصل کر لینی چاہئیں۔ لیکن یہ بھی تو معلوم ہونا چاہیئے کہ خدا کی صفات حاصل کس طرح ہو سکتی ہیں بہت لوگ ہوتے ہیں جو کوشش کرتے ہیں کہ کسی پر رحم کریں، سختی نہ کریں۔ لیکن ان کے دل کی سختی انہیں ایسا کرنے کی اجازت نہیں دیتی۔ اسی طرح کئی لوگوں کو خواہش ہوتی ہے کہ دوسروں کے عیب پر پردہ ڈالیں۔ مگر وقت پر بات منہ سے نکل ہی جاتی ہے۔ اسی طرح کئی لوگوں کی خواہش ہوتی ہے کہ معاف کرنے کی صفت پیدا کریں۔ مگر نہیں پیدا کر سکتے۔ تو جب باوجود کوشش اور سعی کے لوگ یہ صفات نہیں حاصل کر سکتے۔ تو پھر سوال ہوتا ہے کہ کیونکر انسان کے اعمال ایسے ہو جائیں کہ خدا کی صفات اس سے ظاہر ہونے لگیں۔

صفاتِ الٰہی کا علم

اس کے لئے سب سے پہلی ضروری بات یہ ہے کہ انسان کو خُدا تعالےٰ کی صفات کا علم ہو۔ یہ نہ سمجھو۔ کہ یہ معمولی بات ہے۔ اس کا کس کو علم نہیں۔ کیونکہ بہت لوگ ایسے ہوتے ہیں کہ ان کے ذہن میں خدا تعالےٰ کی صفات مستحضر نہیں ہوتیں۔ اور اگر مستحضر ہوں۔ تو وہ ان کے معنے نہیں جانتے۔ مثلاً مسلمانوں میں عام طور پر رواج ہے کہ خدا تعالےٰ کے نام یاد کر لیتے ہیں۔ لیکن ان کے معنے نہیں جانتے۔ اور جب تک معنی نہ یاد ہوں۔ اس وقت تک

محض لفظ کچھ اثر نہیں رکھتے۔ اور نہ اعمال میں ان سے کوئی تغیر واقع ہو سکتا ہے۔

پس اوّل تو بہتوں کو خُدا کے نام یعنی صفات یاد ہی نہیں ہوتے اور جن کو یاد ہوتے ہیں، وہ معنی نہیں جانتے۔ پھر اسی پر بس نہیں۔ جن کو معنے یاد ہوتے ہیں۔ ان کے ذہن میں ان سے کوئی کیفیّت نہیں پیدا ہوتی۔ اور جب تک کیفیّت نہ پیدا ہو۔ اس وقت تک بھی الفاظ کچھ فائدہ نہیں دیتے۔ مثلاً شَاۃٌ کے معنی ہیں بکری اب اگر کسی کو یہ تو بتا دیا جائے۔ کہ شَاۃٌ بکری کو کہتے ہیں۔ لیکن اسے معلوم نہ ہو کہ بکری کیا ہوتی ہے۔ تو کچھ نہیں سمجھ سکے گا۔ پس ایسے معنی جن سے انسان کے ذہن میں اس چیز کی صحیح صحیح کیفیت نہ پیدا ہو۔ ان کا آنا نہ آنا برابر ہوتا ہے۔ اس لئے صرف معنی ہی آنے کافی نہیں، بلکہ ان کی کیفیّت کا ذہن میں آنا بھی ضروری ہے۔ لیکن اکثر لوگ کیفیّت سے بالکل ناواقف ہوتے ہیں۔ مثلاً رَبّ کے معنی کسی سے پوچھے جائیں جائیں تو یہ تو کہدے گا۔ کہ "پروردگار" مگر پروردگار کی کیفیّت اس کے قلب میں نہیں آئے گی۔ اور اس کے دل میں اس کے معنی نقش نہیں ہونگے۔ تو خدا تعالےٰ کی صفات کے جاننے کا یہ مطلب نہیں۔ کہ صرف نام یاد ہوں۔ یا معنی آتے ہوں۔ بلکہ یہ ہے کہ خدا کی صفات معلوم ہوں۔ ان کے معانی معلوم ہوں۔ اور جس وقت وہ لفظ زبان پر جاری ہو یا کانوں میں پڑے۔ معاً اس کے مطابق کیفیّت قلب میں پیدا ہو۔ مثلاً رحمٰن کے معنی ہیں بغیر محنت کے انعام کرنے والا۔ جس وقت یہ الفاظ کسی کی زبان پر جاری ہوں اسی وقت صرف یہ نہ ہو کہ اس کے دل میں یہ بنا بنایا فقرہ آجاوے کہ بغیر محنت کے انعام کرنے والا بلکہ اس کا اصل مفہوم یعنی اللہ تعالےٰ کے وہ احسانات جو بغیر محنت کے ہوتے ہیں۔ بجلی کی طرح سامنے بلکہ دل کی آنکھوں کے سامنے سے گذر جاویں۔ اور تصویری عالم میں یہ صفت اس کے سامنے آجاوے اور جسے یہ بات حاصل نہ ہو وہ

خود سوچ کر ان تفصیلات کو اپنے دل میں لاوے۔ تا کہ اُس کی پُوری کیفیت دل میں پیدا ہو جائے۔ کئی لوگ ایسے ہوتے ہیں۔ کہ جب ان سے خدا کی کسی صفت کے معنی پوچھے جائیں۔ تو بتا دیتے ہیں۔ لیکن جب ان معنوں کا مطلب دریافت کیا جائے۔ تو خاموش ہو جاتے ہیں۔ اور ان کا وہی حال ہوتا ہے جو اس شخص کا ہُوا جس نے ؎

ہم ہوئے تم ہوئے کہ میر ہوئے

اُس کی زُلفوں کے سب اسیر ہوئے

کے یہ معنے کئے تھے کہ ہم لوگ تم لوگ اور میر صاحب سب کو اس کے بالوں کی زنجیر کے ساتھ باندھ کر جیل خانہ بھیجدیا۔ غرض صرف لفظوں کے معنے جاننے کافی نہیں ہوتے۔ جب تک ان الفاظ کے ساتھ وہ کیفیت پیدا نہ ہو۔ جو ان الفاظ سے وابستہ ہے۔ اس لئے ضروری ہے کہ انسان خدا کی ہر ایک صفت کے معنی جانے۔ اور پھر اس کی تفصیل کرے۔ تا کہ اس صفت کی کیفیت اس کے دل میں بیٹھ جائے۔ مثلاً ربّ کے معنی کرے۔ کہ پیدا کرنے والا۔ اور پیدا کر کے ترقی دینے والا۔ آگے اس کی تفصیل کرے کہ ترقی دینے کے کیا معنی ہیں۔ اور کس طرح ترقی دیتا ہے اور کس کس رنگ میں دیتا ہے۔ جب تک اس صفت کی پُوری پُوری کیفیت دل میں نہ پیدا ہو جائے۔ اس وقت تک تفصیل کرتا ہی رہے۔ پس جو شخص خدا کی صفات اپنے اندر پیدا کرنا چاہتا ہے۔ اس کے لئے ضروری ہے کہ یہ دیکھے کہ ان صفات سے مراد کیا ہے۔ اس کے بعد اسے ان کا حقیقی علم حاصل ہو سکے گا۔ اور یہ خُوب یاد رکھو کہ جب خدا کی صفات کا حقیقی علم ہو جائے۔ تو پھر خود بخود نیکی اور بدی کا علم ہو جاتا ہے۔ کیونکہ ان صفات کو اختیار کرنے اور ان کے مطابق کام کرنے کا ہی نام نیکی ہے۔ اور ان کو ترک کرنے اور ان کے خلاف کرنے کا نام بدی ہے۔ قرآن میں اُصولی طور پر یہی بتایا گیا ہے کہ اپنے اعمال کو خدا کی صفات کے ماتحت کرو۔ اور ان باتوں سے جو خدا کی صفات کے خلاف

ہیں۔ بچو۔ باقی جس قدر نیکی اور بدی کی تفصیل ہے وہ سب اسی کی تشریح اور توضیح ہے۔ بہت لوگ ایسے ہوتے ہیں جنہیں معلوم نہیں ہوتا کہ نیکی کیا ہے اور بدی کیا۔ اس لئے اکثر اوقات وہ غلطی سے بدی کو نیکی سمجھ لیتے ہیں۔ اور نیکی کو بدی۔ اس کی وجہ یہی ہوتی ہے کہ انہیں معلوم نہیں ہوتا کہ خدا کی صفات کس بات کی متقاضی ہیں۔

نیکی و بدی کا امتیاز

مگر ایسے لوگ بھی دنیا میں پائے جاتے ہیں کہ جن کو نیکی بدی کا علم ہوتا ہے اور وہ ایک حد تک باوجود اوامر اور نواہی کی تفصیل معلوم ہونے کے اِن کے مطابق عمل نہیں کر سکتے۔ ان کا کیا علاج ہے؟ یہ لوگ کیا طریق اختیار کریں کہ انہیں ان کی خواہش کے مطابق خدا تعالےٰ کے بتائے ہوئے اعمال پر عمل کرنے کی اور اس کی منع کی ہوئی باتوں سے اجتناب کرنے کی توفیق ملے۔ تا کہ ان کے نفس کا تزکیہ ہو اور انہیں عرفانِ الٰہی حاصل ہو سکے۔ ایسے لوگ جو عرفانِ الٰہی حاصل کرنے کی کوشش ہی نہیں کرتے وہ تو ایسے ہوتے ہیں جنہیں خدا کی صفات کا علم ہی نہیں ہوتا۔ ان کے لئے ضروری ہے کہ ان کو خدا کا علم دیا جائے۔ مگر چونکہ اس وقت ہمارے مضمون کے مخاطب وہی لوگ ہیں جو خدا کو مانتے ہیں۔ اسلام کے پیرو ہیں۔ اور چاہتے ہیں کہ خدا کا قرب اور معرفت حاصل ہو۔ اس لئے سر دست ہم انہی کے معاملہ پر غور کریں گے۔ اور دیکھیں گے کہ ان کے رستہ میں کیا روکیں ہیں۔ اور وہ کس طرح دُور ہو سکتی ہیں۔ جیسا کہ میں بتا چکا ہوں عرفانِ الٰہی کے حصُول کا واحد ذریعہ اخلاقِ الٰہیہ اپنے اندر پیدا کرنا ہے اور صفاتِ الٰہیہ اس وقت تک انسان کے اندر پیدا نہیں ہو سکتیں جب تک پہلے انسان کا قلب بدیوں سے صاف نہ ہو۔

ارتکاب گناہ کی تین صورتیں

پس سب سے اوّل روک عرفانِ الٰہی کے حاصل ہونے میں ارتکابِ گناہ ہے۔ اور ارتکابِ گناہ تین طرح

ہوتا ہے۔

اوّل۔ اس طرح کہ بعض لوگوں کو بعض بدیاں معلوم ہی نہیں ہوتیں۔ اور لاعلمی سے وہ ان کے مرتکب ہوجاتے ہیں۔ اس میں کوئی شک نہیں کہ موٹی موٹی اور معروف بدیاں تو ہر ایک کو معلوم ہوتی ہیں۔ اور ہر ایک جانتا ہے کہ چوری۔ ڈاکہ، زنا۔ جھوٹ وغیرہ بُرائیاں ہیں اور ان سے بچنا چاہیئے لیکن جس طرح کوئی مکان اس وقت تک محفوظ نہیں ہوسکتا۔ جب تک ہر پہلو سے مکمّل نہ ہو۔ اگر کوئی چاروں دیواریں بنادے اور اوپر چھت نہ ڈالے تو مکان بارش اور دھوپ سے محفوظ نہیں رَہ سکتا۔ بلکہ محفوظ اور مکمّل ہونے کے لئے ضروری ہے کہ چھت بھی ہو۔ روشندان اور کھڑکیاں وغیرہ بھی ہوں۔ اسی طرح کوئی انسان پورے طور پر پاک نفس نہیں ہوسکتا جب تک بدیوں کے تمام پہلوؤں پر اس کی نظر نہ ہو۔ اور بدیوں میں سے بعض ایسی پوشیدہ ہوتی ہیں۔ کہ ان کا علم ایک دقیق اور باریک مطالعہ کے سوا اور محنتِ شاقّہ کے بغیر نہیں ہوسکتا۔ ہر ایک کام کے لئے ایک تو وہ اُمور ہوتے ہیں۔ جن سے اس کی حفاظت ہوتی ہے۔ اور دوسرے وہ جن سے اس کی زینت مدّنظر ہوتی ہے۔ اگر زینت والے امور رَہ جائیں تو کوئی زیادہ حرج نہیں ہوتا۔ لیکن اگر حفاظت والے رَہ جائیں۔ تو وہ چیز نامکمّل سمجھی جاتی ہے۔ مثلاً اگر کوئی مکان بنائے۔ اور اس کے دروازے۔ روشندان کھڑکیاں وغیرہ نہ لگائے تو وہ مکمّل نہیں ہوگا۔ لیکن اگر فرش نہ کرے۔ پلستر نہ کرائے تو زینت نہیں ہوگی۔ حفاظت میں نقص نہیں واقعہ ہوگا۔ پس ایک ایسا شخص جس کو بعض بدیاں معلوم ہی نہ ہوں۔ اس بات کی کوشش کرے۔ کہ مَیں کامیاب ہوجاؤں تو اگر وہ سارا دن اور ساری رات لگا رہے تو بھی کامیاب نہیں ہوسکے گا۔ کیونکہ اس طرح بعض امور جن کی طرف توجہ کرنا ضروری ہوگا۔ اِن کی طرف توجہ نہیں کرے گا۔ اور جن سے بچنا ضروری ہوگا۔ ان سے بچ نہیں سکے گا۔

ایسی صورت میں کامل بننے کی کوشش کرنا غلطی نہیں تو اور کیا ہے۔ جب تک سارے پہلو مدّنظر نہ ہوں اس وقت تک کامیابی نہیں ہوسکتی۔ پس اگر کوئی شخص بعض بدیوں سے غافل ہوگا تو وہ کبھی کامیاب نہیں ہوگا۔ اس لئے سب سے پہلے ضروری امر یہ ہے کہ انسان بدیوں سے واقف ہو۔

دوسری وجہ ارتکابِ گناہ کی یہ ہوتی ہے۔ کہ انسان کو گناہوں کا تو علم ہوتا ہے مگر وقت پر اسے ایسا جوش آجاتا ہے کہ اسے کچھ یاد نہیں رہتا۔ اور وہ بُرائی کا مرتکب ہوجاتا ہے مثلاً ایک شخص جانتا ہے کہ جھوٹ نہیں بولنا چاہیئے۔ لیکن وقت پر بول دیتا ہے۔ اور بعد میں پھر اس پر پچھتاتا بھی ہے۔ اسی طرح ایک شخص سمجھتا ہے کہ گالیاں دینا بُرا ہے مگر دے دیتا ہے اور پیچھے اپنی اس حرکت پر روتا ہے تو پہلی یہ تھی کہ بدیاں معلوم ہی نہ تھیں۔ اور دوسری روک یہ ہے کہ بدیوں کا علم تو ؟ ہے۔ لیکن وقت پر ایسا جوش آتا ہے کہ انسان ایک لمحہ کے لئے اپنا سب علم بھول جاتا ہے۔ اور ارتکابِ گناہ کرنے کے بعد کفِ افسوس ملتا ہے۔ ان کے علاوہ ایک تیسری صورت ارتکابِ گناہ کی یہ ہے کہ بعض اوقات انسان کو معلوم ہوتا ہے کہ فلاں حرکت بدی ہے۔ اور اس کا ارتکاب کرتے وقت اسے یاد بھی ہوتا ہے کہ یہ بدی ہے۔ مگر پھر بھی کر بیٹھتا ہے۔ مثلاً ایک شخص کو علم ہوتا ہے کہ جھوٹ بولنا بُرائی ہے اور جب بولنے لگتا ہے۔ اس وقت بھی جانتا ہے کہ اگر میں نے بولا تو خدا ناراض ہوگا۔ مگر پھر بھی بول لیتا ہے۔ اسی طرح غیبت کے متعلق سمجھتا ہے کہ بُرائی ہے اور جانتا ہے کہ خدا کو ناپسند ہوگی لیکن پھر بھی وقت پر رُک نہیں سکتا۔ اور اسے نفس بُرائی کے ارتکاب پر مجبور کر دیتا ہے۔ غرض یہ تین روکیں بدیوں سے بچنے میں انسان کو پیش آتی ہیں۔ اور ان تینوں روکوں کا دُور کرنا اس کے لئے ازبس ضروری ہے۔ تاکہ وہ دوسرے قدم اُٹھا سکے۔ جن کے ذریعہ سے عرفانِ الٰہی کا

میّسر آنا اس کے لئے ممکن ہو سکتا ہے۔ مَیں تفصیلاً ان روکوں کے دُور کرنے کا علاج بیان کرنے سے پہلے اُصولی طور پر ایک علاج بیان کرتا ہوں۔ اور یہ پہلی قسم کے لوگوں کو چھوڑ کر جنہیں علم ہی نہیں ہوتا کہ فلاں بدی ہے۔ دوسری دو قسموں کے انسانوں کے متعلق ہوگا۔ دُنیا میں آج تک اس بات کو بہت کم سمجھا گیا ہے بلکہ انبیاء اور اولیاء کو علیحدہ کر کے مَیں کہہ سکتا ہوں کہ اور کسی نے سمجھا ہی نہیں۔ کہ گو بہت سی بدیاں ایسی ہیں۔ جو شرعی بدیاں ہیں لیکن ان کا ارتکاب کرنے والا کسی شرعی گناہ کا مجرم نہیں ہوتا۔ بلکہ وہ کسی جسمانی بیماری کا مریض ہوتا ہے۔ یہ ایک وسیع مضمون ہے اور اللہ تعالیٰ نے اس کے متعلق مجھے خاص علم دیا ہے اور میرا ارادہ ہے کہ اس پر مفصّل لکھوں۔ اَور جب یہ علم کامل ہو جاوے گا اس وقت بعض لوگ جو اَب روحانی بیمار کہلاتے ہیں۔ اپنے علاج کے لئے جسمانی ڈاکٹروں کے پاس جاویں گے۔ اس وقت بعض بڑے بڑے ڈاکٹروں کی توجہ اس طرف ہو رہی ہے۔ لیکن تاحال اُن کی تحقیقات عالمِ طفولیت میں ہے۔ مگر اس بارے میں مجھے جو علم دیا گیا ہے وہ ایسا وسیع ہے کہ اللہ تعالیٰ کے فضل سے ان لوگوں کی تحقیقات سے بہت وسیع ہے۔ یہ کوئی ایسا نیا علم نہیں جو مجھ سے پہلے اَوروں کو نہیں دیا گیا۔ خدا کے برگزیدہ اور پیارے بندوں کو دیا جاتا رہا ہے۔ پھر قرآن کریم میں بیان کیا گیا ہے اور حضرت مسیح موعود کو بتایا گیا اور آپ نے اس کا تذکرہ اصولاً اپنی کتب میں کیا بھی ہے مگر افسوس عام لوگوں نے اسے سمجھا نہیں۔ اور اس سے فائدہ نہیں اُٹھایا۔ اَب خدا تعالیٰ نے وسیع طور پر مجھے یہ علم دیا ہے۔ اور مَیں نے اس کے متعلق تحقیقات کی ہے۔ جس سے اس نتیجہ پر پہنچا ہوں کہ شرعی گناہوں کی ایسے رنگ میں تقسیم ہو سکتی ہے کہ فلاں قسم کا گنہگار ڈاکٹر کے پاس جانا چاہیئے۔ اور فلاں قسم کا بزرگ کے پاس۔ مَیں نے یہاں تک تو تحقیقات کر لی ہے کہ بعض انسان بعض شرعی گناہ جسمانی بیماری کی

وجہ سے کرتے ہیں۔ مگر ابھی یہ بات باقی ہے کہ کس قسم کے لوگوں کو ڈاکٹر کے پاس جانا چاہیئے۔ اور کس قسم کے لوگوں کو روحانی طبیب کے پاس۔ جب اس کے متعلق بھی فیصلہ ہو جائے گا تو تحقیقات مکمّل طور پر پیش کی جا سکے گی۔ بات یہ ہے کہ جسم اور رُوح کا ایک دوسرے کے ساتھ ایسا گہرا تعلق ہے کہ ایک کی چھوٹی سے چھوٹی بات کا دوسرے پر بڑا اثر پڑتا ہے۔ حضرت مسیح موعود نے اس کے متعلق بہت تفصیل سے لکھا ہے اور بتایا ہے کہ جب جسم میں بیماری پیدا ہو جائے تو رُوح میں بھی پیدا ہو جاتی ہے۔ اور یہ تو ظاہر بات ہے کہ سخت درد اور تکلیف میں انسان پورے اطمینان سے دُعا نہیں کر سکتا۔ اب دُعا نہ کر سکنا رُوح کی بیماری ہے یا نہیں؟ ضرور ہے مگر اس کا علاج ڈاکٹر کے پاس ہے بزرگ کے پاس نہیں۔ تو یہ وہی باتیں ہیں جو پہلوں نے لکھیں۔ اور اب خدا تعالےٰ نے مجھے سمجھائی ہیں۔ اور جس طرح دُنیاوی اشیاء کے خزانے ختم ہونے میں نہیں آتے۔ بلکہ دن بدن زیادہ نکلتے رہتے ہیں۔ اسی طرح روحانی علوم بھی اپنے اپنے وقت پر ظاہر ہوتے رہتے ہیں۔ اس علم کا دروازہ اس زمانہ میں خدا تعالےٰ نے حضرت مسیح موعود کے ذریعہ کھولا ہے اور آپ کے بعد آپ کے خلفاء اس کو اور زیادہ وسیع کریں گے۔ مَیں نہیں جانتا مجھے اس کو وسعت دینے کا موقعہ ملے گا یا نہیں۔ اب بھی مَیں دوائی کھا کر تقریر کے لئے کھڑا ہُوا ہوں۔ مگر مَیں یہ ضرور بتاؤں گا۔ کہ آپ لوگ اس بات کو مدِّنظر رکھیں۔

بعض رُوحانی بیماریوں کا علاج طبّی طور پر ممکن ہے

کہ بہت سی رُوحانی بیماریاں ایسی ہوتی ہیں کہ جن کا علاج ڈاکٹروں سے کرایا جا سکتا ہے۔ ایک ایسا شخص جو قرآن کریم کو پڑھتا اور سمجھتا ہے۔ پھر اس پر عمل کرنے کی پُوری کوشش کرتا ہے۔ مگر باوجود اس کے بعض بدیاں سرزد ہوتی ہیں۔ اسے اندیشہ کرنا چاہیئے کہ اسے کوئی جسمانی مرض لاحق ہے جو عموماً اعصابی قسم کا ہو گا اور

اسے ڈاکٹر سے اپنی صحت کے متعلق مشورہ لینا چاہیئے۔ اور گو ہمارے مُلک میں اعصابی امراض کے علاج کی طرف اطباء کو کم توجہ ہے۔ مگر مَیں اُمید کرتا ہوں کہ بہت دفعہ عام اعصابی کمزوری کے علاج سے انسان اپنی رُوحانیت میں بھی ایک نمایاں ترقی محسوس کرے گا اور گناہوں سے بچنے کی طاقت اس میں پیدا ہو جاوے گی اور اپنے اندر اپنے جذبات پر قابو رکھ سکنے کی اہلیت وہ معلوم کر لے گا۔ مگر یہ یاد رکھنا چاہیئے کہ ضروری نہیں کہ ہمیشہ ہی گناہوں سے بچنے میں بے کسی کی حالت جسمانی بیماری کا ہی نتیجہ ہوتی ہے۔ بلکہ ..... بالعموم ایسا ہوتا ہے اور کبھی کبھی بطور سزا کے بھی انسان پر یہ حالت طاری کی جاتی ہے اور کبھی بطور عادت کے بھی ایسا ہوتا ہے۔ ان مؤخرالذکر دونوں صورتوں میں سے اوّل الذکر کا علاج صرف روحانی علاج کے ماہر کر سکتے ہیں۔ پس اس کو قاعدہ کلیہ نہیں سمجھنا چاہیئے۔ اگر کوئی کہے کہ جب ایک شخص کوشش کرتا ہے کہ بدی سے بچے لیکن بیماری کی وجہ سے بچ نہیں سکتا۔ تو پھر اسے سزا کیوں ہو گی۔ اس کا جواب یہ ہے کہ سزا اس لئے ہو گی کہ اس نے اس کا علاج کیوں نہ کرایا۔ یہ اس کا قصور ہے نہ کہ کسی اور کا مجھے اگر فرصت ملی تو مَیں اس تحقیقات کو مکمّل کر دُوں گا۔ لیکن اگر مَیں نہ کر سکوں۔ تو تم لوگ یاد رکھو کہ رُوحانی امراض کے بعض ایسے علاج ہیں جو ڈاکٹروں کے ذریعہ ہو سکتے ہیں۔ اس بات کو مدّنظر رکھ کر تم اپنے طور پر کوشش میں لگے رہو۔ اور اپنی تحقیقات سے ان لوگوں کی امداد کرو جن کی توجہ اس طرف ہو رہی ہے اور جو اس کے لئے کوشش کر رہے ہیں۔ تاکہ دُنیا میں ایک نیا انقلاب واقعہ ہو۔ اور دُنیا ایک قدم اور ترقی کرے۔ فی الحال میں صرف اس قدر بیان کر دیتا ہوں کہ بعض روحانی بیماریاں ایسی ہوتی ہیں جن کے علاج کے لئے کسی عارف اور ولی اللہ کے پاس نہیں جانا چاہیئے۔ بلکہ کسی ڈاکٹر اور طبیب کو تلاش کرنا چاہیئے۔ کیونکہ اس قسم کی بیماریاں یا تو پیٹھ کے اعصاب کی کمزوری اور نقص سے ہوتی ہیں۔ اور

یا دماغ کے اعصاب کے نقص سے یا اور خاص خاص بیماریوں کے نتیجہ میں ہوتی ہیں۔ مثلاً بعض اوقات زنا ایک اخلاقی یا مذہبی جرم نہ ہوگا بلکہ کسی خاص دماغی بیماری کا نتیجہ ہوگا۔ اسی طرح بعض ڈاکے بعض چوریاں۔ بعض جھوٹ خاص خاص نقصوں کے نتیجہ میں ہوں گے۔ ان کا علاج رُوحانی ریاضتوں سے اس عمدگی سے نہیں ہوسکتا۔ جتنا جسمانی علاج کے ذریعہ۔ مگر ابھی چونکہ میری تحقیقات مکمل نہیں ہوسکی۔ اس لئے میں اس مضمون کو اس وقت تفصیل کے ساتھ بیان نہیں کرسکتا۔ اور کسی اور وقت پر چھوڑتا ہوں۔ اپنے لئے یا آپ میں سے کسی کے لئے۔ جس کو خدا تعالےٰ اسے بیان کرنے کی توفیق دے۔

گناہوں سے بچنے کا علاج

اَب میں اصُولی طور پر اس امر کا بیان کر کے کہ گناہوں کا علاج بعض اوقات جسمانی علاج کے ساتھ بھی کیا جا سکتا ہے۔ ان دوسری تدابیر کو بیان کرتا ہوں جو برائیوں اور بدیوں سے بچنے کے لئے اختیار کی جاسکتی ہیں۔ اوّل تدبیر گناہوں سے بچنے کی یہ ہے کہ انسان اپنا پچھلا حساب دُرست کرے۔ بہت لوگ جو عرفان حاصل کرنا چاہتے ہیں وہ اس بات کا خیال نہیں رکھتے اس لئے کامیاب نہیں ہوسکتے وہ بہت کوشش کرتے ہیں کہ عرفان نصیب ہو۔ مگر اس کے لئے طریق یہ اختیار کرتے ہیں کہ خراب شدہ چیز میں اچھی چیز ڈالتے ہیں۔ ان کی مثال ایسی ہی ہوتی ہے جیسے پھٹے ہوئے دودھ میں اچھا دودھ ڈالنے والے کی ہوتی ہے۔ اچھا دودھ تھوڑے سے خراب دودھ میں خواہ من بھر بھی ڈال دیا جائے۔ تو بھی وہ خراب ہوجاتا ہے۔ تو سب سے بڑی غلطی لوگ یہ کرتے ہیں کہ ابتدائی شرط کو پورا نہیں کرتے حالانکہ سب سے پہلے ضروری ہے کہ انسان اپنا پہلا حساب دُرست کرے اور پھر آگے قدم بڑھائے۔ کیونکہ اگر پہلا ہی حساب کاپی میں غلط ہو اور اس کی میزان دُرست نہ ہو تو اور جس قدر اس میں جمع کیا جائے گا۔ اس کی میزان بھی غلط ہی رہے

گی۔ لیکن اگر پہلی میزان درست ہوگی تو پھر سارا حساب درست ہوتا جائے گا۔ پس جب کوئی انسان خدا تعالیٰ کے قرب اور معرفت کے حاصل ہونے کی خواہش کرے۔ تو اسے چاہیئے کہ پہلے جو اس کا حساب خراب ہو چکا ہو اسے صاف کرلے۔ اور اس کا طریق یہ ہے کہ

عرفانِ الٰہی حاصل کرنیکا پہلا طریق توبہ

وہ توبہ کرے۔ عرفانِ الٰہی حاصل کرنے کے لئے یہ سب سے ضروری اور سب سے پہلا قدم ہے۔ اس کے متعلق کوئی یہ نہ کہے کہ یہ تو معمولی بات ہے۔ ہم روز توبہ کرتے ہیں۔ اس توبہ سے میری مراد وہ توبہ نہیں ہے جو روز کی جاتی ہے۔ بلکہ کچھ اور ہے۔ اور ابھی میں اسے کھول کر بیان کروں گا۔ تو سب سے پہلی شرط عرفانِ الٰہی حاصل کرنے کے لئے توبہ ہے۔ مگر صرف مُنہ سے یہ کہہ دینے سے کہ "میری توبہ" توبہ نہیں ہو جاتی۔ بلکہ اس کے لئے سات امور کا ہونا ضروری ہے۔ اور جب تک وہ نہ ہوں اس وقت تک توبہ پُوری توبہ نہیں ہو سکتی۔ وہ اُمور یہ ہیں۔

توبہ کی سات شرائط

(۱) کہ انسان اپنے گذشتہ گناہوں پر ندامت کا احساس پیدا کرے اور وہ اس طرح کہ پچھلے گناہوں کو یاد کر کے اور ان کو اپنے سامنے لاکر ان پر اس قدر نادم ہو کہ گویا پسینہ پسینہ ہو جائے۔

(۲) دوسرا قدم توبہ کے لئے یہ ہوگا کہ پچھلے فرائض جس قدر رہ چکے ہوں۔ ان میں سے جن کو ادا کیا جا سکے۔ ان کو ادا کیا جائے۔ ہاں جو ادا نہیں کر سکتا۔ ان کی مجبوری ہے۔ مثلاً اگر نماز نہیں پڑھتا رہا۔ تو اس کو ادا نہیں کر سکتا۔ نہ اس کے ادا کرنے کا شریعت میں حکم ہے۔ اور نہ یہ ادا ہو سکتی ہے۔ ہاں اگر ایسے وقت

میں توبہ کا ارادہ کیا جائے کہ کسی نماز کا وقت ہو تو ادا کرے۔ یا صاحبِ استطاعت ہونے کے باوجود حج نہیں کیا تھا۔ اَب حج کر لے۔ یا اگر زکوٰۃ نہیں دی تھی۔ تو ساری عمر کو جانے دے۔ اس سال کی دیدے۔ تو پہلے انسان اپنے گذشتہ گناہوں پر ندامت پیدا کرے۔ اور دوسرے پچھلے فرائض جو ادا کر سکتا ہو۔ انہیں ادا کرے۔

(۳)۔ یہ کہ پچھلے گناہوں کا ازالہ کر دے۔ ازالہ سے میری مراد یہ نہیں۔ کہ اگر اس نے کسی کو قتل کیا ہے تو زندہ کر دے۔ یا زنا کیا ہے تو لوٹا دے۔ بلکہ یہ ہے کہ جن گناہوں کا ازالہ ہو سکے۔ ان کا کر دے۔ مثلاً اگر کسی کی بھینس چُرا کر اپنے گھر میں باندھی ہوئی ہے تو اسے واپس کرے اور اپنے پاس نہ رکھے۔

(۴)۔ چوتھی شرط یہ ہے کہ جس شخص کو کوئی دُکھ پہنچایا ہو۔ اس کے دُکھ کا ازالہ کرنے کے علاوہ اس سے عفو طلب کرے۔ یہ ایک باریک مسئلہ ہے کہ خدا تعالیٰ نے بندوں کے گناہ کے لئے یہ شرط رکھی ہوئی ہے کہ بندوں سے ہی معافی لی جائے اور اگر بندے معاف کر دیں۔ تو پھر ان کا مواخذہ خدا تعالےٰ نہیں کرتا۔ پس جن لوگوں کو کوئی دُکھ پہنچایا ہو۔ اور اِن کی رضا حاصل کرنا ممکن ہو۔ ان سے حاصل کی جائے۔ ہاں یہ بات یاد رکھنی چاہیئے۔ کہ خدا تعالےٰ بڑا ستار ہے وہ انسان کی بڑی بڑی برائیوں پر پردہ ڈالے رکھتا ہے۔ اس لئے انسان کو چاہیئے کہ اپنی ستاری آپ بھی کرے۔ اور وہ گناہ جن کو خدا نے چھپا رکھا ہو۔ ان کو خود نہ ظاہر کرتا پھرے۔ مثلاً کسی کی چوری کی ہو۔ تو اس کے لئے یہ نہیں چاہیئے کہ خود جا کر بتلائے کہ مَیں نے تمہاری چوری کی تھی۔ ایسا کرنا بجائے خود گناہ ہے اس طریق سے ازالہ نہیں کرنا چاہیئے۔ بلکہ ایسی باتیں مثلاً کسی کو تھپڑ مارا ہو۔ تو اس کا ازالہ کرے اور معافی مانگے۔ اور جن گناہوں کو خدا نے چھپایا ہو۔ ان

کو خود ظاہر نہ کرے۔

(۵)۔ یہ کہ جن لوگوں کو نقصان پہنچایا ہو۔ ان سے مقدور بھر احسان کرے۔ اور اگر کچھ نہیں کر سکتا تو دعا ہی کرے۔ اولیائے کرام نے بھی یہ طریق لکھا ہے کہ اگر کسی کا مال ناجائز طور پر کھا لیا ہو اور اس کے ادا کرنے کی طاقت نہ ہو۔ تو خدا تعالےٰ سے دعا کی جائے۔ کہ الٰہی مجھے تو اس کا مال دینے کی طاقت نہیں۔ تُو اپنے پاس سے ہی اسے دیدے۔

(۶)۔ یہ کہ وہ اپنے دل میں آئندہ گناہ نہ کرنے کا عہد کرے۔ اور پختہ ارادہ کرے کہ اب کوئی گناہ نہ کروں گا۔ اس کے بعد اگر مجبور ہو کر گناہ کرتا ہے۔ تو اور بات ہے۔ مگر توبہ کرتے وقت اس کا اقرار ضرور کرے۔ اس سے میری یہ مراد نہیں۔ کہ رات کو گناہ کر کے صبح کو اقرار کر لیا جایا کرے کہ آئندہ نہیں کرونگا۔ بلکہ یہ ہے کہ انسان جس وقت یہ اقرار کرے۔ اس وقت اس کی نیت خالص ہونی چاہیئے اور اسے اپنی طرف سے بچنے کی پوری کوشش کرنی چاہیئے۔

(۷)۔ یہ کہ انسان اپنے نفس کو نیکی کی رغبت دلانا شروع کر دے اور اپنے دل میں نیک باتیں داخل کرنے کی کوشش کرے نیز نفس کو نیکی کے کام کرنے کے لئے تیار کرے۔

یہ سات باتیں توبہ کے لئے ضروری ہیں۔ جب تک یہ نہ ہوں۔ توبہ مکمل نہیں ہو سکتی۔ اب آپ لوگ اپنے نفسوں میں غور کر لیں۔ کہ آیا یہی توبہ کیا کرتے ہیں یا کوئی اور؟ عام طور پر لوگ توبہ کے متعلق یہ نہیں جانتے کہ کس بات کو مدنظر رکھ کر اور کس لئے کرنے لگے ہیں۔ بلکہ ان کے مُنہ سے یہ لفظ اسی طرح بے ساختہ فوراً نکل جاتا ہے۔ جس طرح انگریزی دان لوگ "بیگ یور پارڈن"[1]۔ "مَیں آپ سے معافی چاہتا ہوں" کہہ دیا کرتے ہیں۔ حالانکہ معافی مانگنے کا انہیں کچھ بھی خیال نہیں آتا۔ ایسے لوگوں کی

1. Beg your pardon

توبہ کو توبہ نہیں کہا جا سکتا۔ اور نہ اس طرح کی توبہ کوئی فائدہ دے سکتی ہے۔ ہر ایک انسان کو چاہیئے کہ جو اُمور مَیں نے بتائے ہیں۔ ان کو مدِ نظر رکھ کر حقیقی توبہ کرے۔ تاکہ اس کا پچھلا حساب صاف ہو جائے۔ کیونکہ جب تک پچھلا حساب صاف نہ ہو اس وقت تک آگے صفائی کے ساتھ معاملہ نہیں چلتا۔ اور پچھلا نقص بڑھتا رہتا ہے۔ پس ہر ایک انسان کو چاہیئے کہ پچھلا حساب صاف کرنے کے لئے توبہ کرے۔ اور حقیقی توبہ کرے۔ توبہ کے جو طریق مَیں نے بتائے ہیں۔ ان پر عمل کرنے سے پچھلا قرضہ اُتر جاتا ہے اور ایک پائی بھی باقی نہیں رَہ جاتی۔ اس کے بعد انسان کوشش کرے۔ تو عارف باللہ بن سکتا ہے۔

جب پچھلا حساب بالکل صاف ہو جائے تو پھر آئندہ کا حساب چلتا ہے لیکن یہاں ایک سوال پیدا ہو سکتا ہے۔ اور وہ یہ ہے کہ ایک تو تم کہتے ہو کہ انسان پچھلا قرضہ بے باق کرے۔ اور دوسرے کہتے ہو کہ آئندہ نیکیاں کرے۔ اتنا بڑا بوجھ کس طرح اُٹھایا جا سکتا ہے۔ اس کے متعلق یاد رکھنا چاہیئے۔ کہ رُوحانی اُمور ایسے ہی ہؤا کرتے ہیں ان میں بظاہر زیادہ بوجھ معلوم ہوتا ہے۔ لیکن در اصل اسی بوجھ میں کامیابی کا راز ہوتا ہے۔ دیکھو رسول کریم صلے اللہ علیہ و آلہ وسلّم کے پاس ایک غریب اور نادار شخص آیا۔ آپ نے اسے غربت کا علاج بتایا۔ کہ شادی کر لو۔ اُس نے کر لی۔ پھر آیا۔ اور اپنی غربت کا اظہار کیا اس پر بھی رسول کریمؐ نے فرمایا۔ ایک اور شادی کر لو۔ اس نے اور کر لی۔ مگر رسول کریمؐ کو آکر کہا۔ کہ ایک کے کھلانے کے لئے کچھ نہیں تھا۔ اَب دو کو کیا کھلاؤں۔ آپؐ نے فرمایا۔ ایک اور شادی کر لو۔ اُس نے اَور کر لی اور کچھ دن کے بعد آکر کہا یا رسول اللہ! اب تو موت تک حالت پہنچ گئی ہے۔ آپؐ نے فرمایا ایک اَور نکاح کر لو۔ اُس نے وہ بھی کر لیا۔ کچھ عرصہ کے بعد رسول کریم صلے اللہ علیہ وسلّم نے پُوچھا۔ بتاؤ۔ اَب کیا حال ہے۔ تو اُس نے کہا۔ حضور دولت ہی دولت

ہے۔ تو یہ شرعی عقدے ہوتے ہیں۔ جن کو ہر ایک شخص نہیں سمجھ سکتا۔ مگر میں اس کے متعلق کسی قدر بتاتا ہوں۔ اوّل تو یہ کہ جیسا کہ مَیں نے بتایا ہے۔ جب تک پچھلا حساب صاف نہ کر لیا جائے۔ اس وقت تک آگے صحیح طور پر حساب نہیں چل سکتا۔ اور جب تک برتن کی ناقص چیز کو دُور نہ کر دیا جائے۔ اس وقت تک اس برتن میں ڈالی ہوئی چیز اچھی نہیں رہ سکتی۔ اس لئے ضروری ہے کہ پہلے نقائص اور خرابیوں کو دُور کیا جائے۔ تاکہ ان کا اثر آگے نہ بڑھے۔

عرفانِ الٰہی حاصل کرنے کا دوسرا طریق

جب کوئی کام نیا نیا شروع کیا جائے۔ تو خاص جوش ہوتا ہے جو کچھ عرصہ بعد ویسا نہیں رہتا۔ اس لئے جب کوئی انسان اقرار کرے گا کہ اَب مَیں فلاں گناہ نہیں کرونگا۔ اس وقت اگر اس کے سامنے مشکل سے مشکل کام آئے گا۔ تو اس کے کرنے کے لئے تیار ہو جائے گا۔ لیکن کچھ عرصہ کے بعد اس میں یہ ہمّت اور جرأت نہیں ہو گی۔ تو جب کوئی بات تازہ ہو۔ اس وقت انسان میں بہت جوش ہوتا ہے۔ اس لئے توبہ کرنے کے وقت خاص طور پر کام کرنے کا وقت ہوتا ہے۔ اس وقت اگر پچھلا حساب صاف کر لیا جائے تو ساتھ آئندہ کام کرنے کی بھی طاقت پیدا ہو جاتی ہے۔ کیونکہ جب پچھلا بوجھ اُتر جائے تو انسان آئندہ آسانی کے ساتھ ترقی کر سکتا ہے۔ اَب آئندہ حساب صاف رکھنے کے لئے اور نیکی میں ترقی کرنے کے لئے جو امور ضروری ہیں۔ اُن کو بیان کرتا ہوں۔ اس کے لئے سب سے پہلی اور ضروری بات جو حصُولِ تقویٰ کے لئے ضروری اور جس کا نتیجہ عرفانِ الٰہی ہے۔ یہ ہے کہ انسان خیالات میں پاکیزگی پیدا کرے۔ اس کی ابھی مَیں تشریح کر دوں گا۔ جس سے معلوم ہو جائے گا۔ کہ یہ تقویٰ حاصل کرنے کی ایک عجیب تدبیر ہے۔ خیالات کے پاک رکھنے سے میری یہ مُراد نہیں کہ کوئی بُرا خیال ہی نہ آئے۔ ایسا ہونا تو اکثر لوگوں کے لئے ناممکن ہے۔ بلکہ یہ ہے کہ اگر کوئی ناپاک خیال آئے تو اس کو دل میں

پھیلایا نہ جائے. مثلاً ایک شخص کے دل میں کسی وقت آئے کہ مَیں رشوت لُوں تو وہ اس کے متعلّق سوچنا اور تدبیریں کرنا شروع نہ کردے۔ بلکہ جہاں تک جلدی ہو سکے. اس خیال کو اپنے دل سے نکالنے کی کوشش کرے۔ اور اگر موقعہ پر اس سے غلطی ہو بھی جائے تو اَور بات ہے۔ لیکن جب یونہی خیال آئے۔ اس وقت اس کو دل سے نکالنے کی کوشش کرنی چاہیئے۔ اس سے بہت فائدہ ہوگا۔ کیونکہ ایک ایسے شخص کی نسبت جس کو ہروقت یہی خیال رہے کہ مَیں رشوت لوں اور وہ سوچتا رہے کہ کہاں سے لوں اور کس طرح لُوں۔ وہ شخص ہزار درجے اصلاح کے قریب ہے جو رشوت لینے کے خیال کو تو دل سے نکالنے کی کوشش کرتا رہتا ہے۔ لیکن موقعہ آجائے تو رشوت لے لیتا ہے۔ وجہ یہ ہے کہ جو خیال انسان کے دل میں ہروقت رہے۔ اس کا بڑا اثر پڑتا ہے اور وہ دل پر ایسا نقش ہوجاتا ہے کہ پھر اس کا مٹانا سخت مشکل ہوجاتا ہے۔ لیکن جس خیال کو نکالنے کی کوشش کی جاتی رہے۔ وہ نقش نہیں ہو سکتا۔ پس جب کوئی بُرا خیال پیدا ہو فوراً اسے نکال دو اور دوسری طرف متوجہ ہوجاؤ۔ اور یہ مت خیال کرو۔ کہ خیال کے نکالنے سے کوئی فائدہ نہیں ہوگا۔ کوئی خیال جتنا زیادہ عرصہ دل میں رہتا ہے۔ اتنا ہی زیادہ گہرا ہوتا جاتا ہے۔ اور اگر فوراً نکال دیا جائے تو انسان بہت بُرے نتائج سے بچ سکتا ہے۔ کوئی یہ نہ سمجھے کہ بُرے خیال کا دل سے نکالنا کوئی مشکل کام ہے۔ بلکہ بہت آسان ہے۔ اور وہ اس طرح کہ جب کوئی بُرا خیال آئے۔ اسی وقت کسی اچھے شغل میں مشغول ہوجانا چاہیئے۔ کسی سے بحث شروع کردینی چاہیئے۔ یا کسی سے دیرینہ قضیہ ہو تو اس کے طے کرنے میں لگ جانا چاہیئے۔ کیونکہ اس طرح وہ کسی خطرناک گناہ سے بچ جائے گا۔ پس گو موقعے پر انسان بُرائی کے ارتکاب پر مجبور بھی ہوجائے۔ مگر اس موقع سے پہلے اور پیچھے اسے اس بدی کے خیال کو اپنے دل میں نہیں آنے دینا چاہیئے۔ اور اس کو نکالتے رہنا چاہیئے۔ اس کا نتیجہ یہ ہوگا کہ اسے اپنے نفس پر قابو پانے کی

طاقت آجائے گی۔ اور وہ بالکل چھوڑ دینے کے لئے تیار ہو جائے گا۔

خیال کی اہمیّت

یہ مت سمجھو کہ خیال کوئی معمولی چیز ہے۔ دُنیا میں جس قدر بھی کام ہو رہے ہیں وہ سب خیال ہی کا نتیجہ ہیں۔ مثلاً جب کوئی شخص ایمان لاتا ہے۔ تو پہلے اس کے دل میں اسلام لانے کا خیال ہی پیدا ہوتا ہے۔ اسی طرح اور جس قدر کام انسان کرتا ہے۔ ان کی ابتداء خیال سے ہی شروع ہوتی ہے۔ اس لئے یہ نہ کہو۔ کہ خیال کچھ حقیقت نہیں رکھتا۔ خیال ایک حقیقت۔ ایک واقعہ اور بہت بڑی صداقت ہے۔ کہا جاسکتا ہے کہ خیال تو نظر نہیں آتا۔ اس لئے اس کی کیا حقیقت ہوسکتی ہے؟ ہم کہتے ہیں وہ بیج جس سے بڑ کا درخت بنتا ہے۔ اس میں اتنا بڑا درخت کہاں نظر آتا ہے پھر دیکھو انسان کس طرح بنتا ہے کیا وہ نتیجہ نہیں ہوتا۔ اس شہوت کا جو دل میں ایک خیال آنے سے پیدا ہوتی ہے۔ پس جب انسان کی پیدائش خیال کے اثر کے ماتحت ہوتی ہے۔ تو اس کی حقیقت میں کس کو کلام ہوسکتا ہے؟ دراصل انسان جس قدر کام کرتا ہے۔ وہ خیال ہی کے ذریعے کرتا ہے۔ اگر کہو کہ اَور چیزیں جب خیال کے ساتھ ملتی ہیں۔ تب کام ہوتا ہے۔ اکیلا خیال کچھ نہیں کرسکتا۔ اس لئے خیال بے حقیقت چیز ہے۔ تو مَیں کہتا ہوں کہ اس طرح تو اس بیج کو بھی بے حقیقت قرار دینا پڑے گا۔ جس سے بڑ کا درخت پیدا ہوتا ہے۔ کیونکہ بیج بڑ نہیں بن جاتا ہے۔ بلکہ وہ زمین سے جو مادہ چُوستا ہے وہ بڑ بنتا ہے۔ یہی حال دوسرے درختوں کا ہوتا ہے۔ اب اگر کوئی شخص بیج کو اس لئے بے حقیقت کہہ سکتا ہے کہ جب تک دوسری چیزیں اس کے ساتھ نہ ملیں۔ اس وقت تک اس سے درخت نہیں بن سکتا۔ تو وہ خیال کو بھی بے حقیقت کہہ سکتا ہے۔ لیکن جب بیج کے متعلق یہ نہیں کہا جاسکتا کہ وہ بے حقیقت ہے تو خیال کے متعلق بھی نہیں کہا جاسکتا کہ وہ بے حقیقت شے ہے۔ پس خوب یاد رکھو۔ کہ خیال کوئی بے حقیقت چیز نہیں ہے بلکہ خیال مادہ ہے تمام چیزوں کا۔ کیونکہ اسی

سے آگے نتائج نکلتے ہیں۔ یہی وجہ ہے کہ خدا تعالےٰ فرماتا ہے وَاِنْ تُبْدُوْا مَافِیْٓ اَنْفُسِکُمْ اَوْ تُخْفُوْہُ یُحَاسِبْکُمْ بِہِ اللّٰہُ (البقرہ: ۲۸۵) کہ اے لوگو جو خیال تمہارے دل میں آئے۔ اسے خواہ تم عمل میں لاؤ یا پوشیدہ رکھو۔ اللہ اس کا حساب لے گا۔ اس کے یہ معنی نہیں کہ یوں اگر کسی کے دل میں کوئی خیال پیدا ہوگا تو بھی اس سے مواخذہ کیا جائے گا۔ کیونکہ خدا تعالےٰ بھی فرماتا ہے۔ اور رسول کریمؐ بھی فرماتے ہیں۔ کہ جس بات پر انسان کا بس نہیں۔ اس کا مواخذہ نہیں ہوگا۔ مثلاً اگر کوئی شخص چلتے چلتے کہیں مال دیکھتا ہے اور اس کے دل میں آتا ہے کہ میں اسے اٹھا لوں۔ تو صرف اس خیال کے آنے پر اس سے مواخذہ نہیں ہوگا۔ ہاں اگر یہ خیال آنے پر وہ سوچنا شروع کر دے کہ میں کس طرح اس مال کو اٹھاؤں۔ کس وقت اٹھاؤں۔ تو اس کا یہ سوچنا اور تدبیریں کرنا قابل مواخذہ ہوگا۔ چنانچہ جب یہ آیت اُتری تو رسول کریم صلے اللہ علیہ وآلہ وسلم کے پاس صحابہ گئے۔ اور جا کر عرض کی کہ بعض اوقات کوئی بُرا خیال تو خود بخود دل میں آجاتا ہے۔ کیا اس طرح ہم ہلاک ہو جائیں گے؟ آپ نے فرمایا کہ جب کوئی بُرا خیال دل میں آتا ہے۔ اور انسان اس پر عمل نہیں کرتا تو یہ خود نیکی ہے۔ پس اس آیت کا مطلب یہ ہے کہ وہ خیال جو دل میں گڑ جاتا ہے۔ اور جس کے سوچنے میں انسان لگ جاتا اور تدبیریں شروع کر دیتا ہے۔ اس کا محاسبہ ہوگا۔ ورنہ اگر کسی کو خیال آئے کہ میں چوری کروں۔ اور وہ اسے فوراً نکال دے۔ تو وہ ایک نیکی کرتا ہے۔ اسی طرح اگر اسے کسی کو قتل کرنے کا خیال آئے۔ لیکن اسے نکال دے۔ تو وہ نیکی کرنے والا سمجھا جاتا ہے۔ اور سزا کا مستحق اسی حالت میں ہوتا ہے جبکہ اس خیال پر قائم رہتا ہے۔ پس اس نکتہ کو خوب یاد رکھو یہ اعمال کی اصلاح کے لئے بہت بڑا زینہ ہے۔ یہ ٹھیک ہے کہ کسی بُرے خیال کا پیدا ہونا تمہارے اختیار میں نہیں۔ لیکن اس کا نکالنا تمہارے

اختیار میں ہے۔ اس لئے فوراً نکال دیا کرو۔ حضرت مسیح موعود علیہ السلام ایک حکایت بیان فرمایا کرتے تھے۔ کہ ایک شخص باغ سے انگور کا ٹوکرا اُٹھا کر لئے جا رہا تھا کہ باغ کا مالک آگیا۔ اور اس نے اس سے دریافت کیا کہ میرے باغ سے انگور کیوں لئے جاتے ہو؟ اس نے کہا پہلے میری بات سن لو۔ پھر جو چاہنا کرنا۔ مالک باغ نے کہا بیان کرو۔ اس نے کہا۔ مجھے ایک بگولہ نے اٹھا کر باغ میں لا ڈالا۔ اتفاقاً جہاں میں آ کر گرا۔ وہاں انگوروں کے درخت تھے۔ ایسے وقت میں آپ جانتے ہیں کہ انسان اپنی جان بچانے کی کوشش کرتا ہے۔ میں نے جو ادھر اُدھر ہاتھ مارنے شروع کئے تو بیلوں پر سے انگور گر گر کر ایک ٹوکرے میں جو وہیں پڑا تھا۔ جمع ہونے لگے۔ اب بتاؤ۔ اس میں میرا کیا قصور ہے؟ باغ کے مالک نے کہا یہ تو جو کچھ ہوا ٹھیک ہوا۔ مگر یہ تو بتلاؤ کہ ٹوکرا تمہارے سر پر رکھ کر تمہیں یہ کس نے کہا کہ اپنے گھر کی طرف لے جاؤ؟ وہ کہنے لگا۔ یہی میں بھی سوچتا آرہا تھا کہ یہ مجھے کس نے کہا تھا۔ بعینہ اسی طرح اس شخص کا حال ہوتا ہے جو بُرے خیال کو اپنے دل میں جگہ دیتا اور قائم کرتا ہے۔ کیونکہ گو وہ بُرے خیال کے دل میں لانے میں مجرم نہیں۔ مگر اس کے قائم رکھنے کا مجرم ہے۔ بیشک اس سے یہ دریافت نہیں کیا جاوے گا کہ بُرا خیال اس کے دل میں کیوں آیا۔ مگر یہ اس سے ضرور دریافت کیا جاوے گا۔ کہ اس بُرے خیال کو اس نے دل میں قائم کیوں کیا۔ اور اس کو سزا دی جائے گی۔ اس وجہ سے نہیں کہ وہ اس خیال کو دل میں کیوں لایا۔ بلکہ اس وجہ سے کہ اس نے اسے دل میں رکھا کیوں؟ اور یہ انسان کے اپنے اختیار کی بات ہے۔ اس کے اختیار سے باہر نہیں کہ وہ بُرے خیالات کو دل سے نکال دے۔

تزکیہ نفس کا پہلا طریق

غرض تزکیہ نفس کے لئے پہلی بات یہ ضروری ہے کہ انسان بُرے اور ناپاک خیالات کو دل سے

دُور کرتا رہے۔

تزکیہ نفس کا دُوسرا طریق

دُوسرا طریق قرآن کریم میں حصُول تزکیہ کا بلکہ ہر ایک کام میں کامیاب ہونے کا یہ بتایا گیا ہے۔

وَلَيْسَ الْبِرُّ بِاَنْ تَاْتُوا الْبُيُوْتَ مِنْ ظُهُوْرِهَا وَلٰكِنَّ الْبِرَّ مَنِ اتَّقٰى وَاْتُوا الْبُيُوْتَ مِنْ اَبْوَابِهَا وَاتَّقُوا اللّٰهَ لَعَلَّكُمْ تُفْلِحُوْنَ. (البقرة : ۱۹۰) یعنی نیکی یہ نہیں کہ تم مشقت اُٹھاؤ۔ اور کُود کُود کر گھروں میں آؤ۔ بلکہ نیکی تقویٰ سے حاصل ہوتی ہے۔ پس جن کاموں کے کرنے کے جو طریق بتائے گئے ہیں۔ ان کو اختیار کرو۔ اور تقویٰ اللہ کرو تا کامیاب ہو۔ اس آیت میں بتایا گیا ہے کہ کامیابی کے لئے ان صحیح ذرائع کا استعمال کرنا نہایت ضروری ہے۔ جو اس غرض کے لئے اللہ تعالیٰ نے مقرر کئے ہیں۔ اور چونکہ عرفانِ الٰہی کے حصول کا صحیح ذریعہ تزکیۂ نفس ہے اور تزکیۂ نفس اس وقت تک نہیں ہو سکتا جب تک پہلے بدیوں سے اجتناب اور پھر نیکیوں کو اختیار نہ کیا جاوے۔ اس لئے ضروری ہے۔ کہ ان افعال کا جن کو حضرت احدیت ناپسند فرماتے ہیں۔ اور ان کا جن کو پسند فرماتے ہیں۔ پُورا علم حاصل کیا جاوے۔ حضرت مسیح موعود علیہ السلام نے اس قرآن پر جس پر آپ تلاوت فرماتے تھے۔ اوامر اور نواہی کی فہرست بنائی ہوئی تھی۔ اس سے معلوم ہو سکتا ہے کہ آپ کو خدا تعالیٰ کے اوامر اور نواہی کی تعمیل کا کس قدر خیال تھا۔ تو تزکیہ کے لئے ان باتوں کا معلوم ہونا نہایت ضروری ہے۔ اور جب یہ معلوم ہو جائیں تو پھر بہت آسانی ہو جاتی ہے۔ کیونکہ انسان بے علمی کی تاریکی سے نکل کر علم کے اُجالے میں آ جاتا ہے۔ جب اوامر و نواہی معلوم ہو جائیں تو ان پر عمل کرنے کی کوشش کرنا چاہیئے۔ کیونکہ صحیح ذرائع کے معلوم ہونے کے بعد ان پر کوشش

کرنا ہی کامیابی کا واحد گر ہوتا ہے۔ لیکن عمل کرنے میں اگر کوئی غلطی ہو جائے۔ یا پوری طرح عمل نہ کر سکے۔ تو بھی کوشش چھوڑنی نہیں چاہیئے۔ بلکہ کوشش جاری رکھنی چاہیئے۔ جو اس کی آئندہ ترقی کا باعث ہو جائے گی۔ ہاں یہ بات یاد رکھنی چاہیئے۔ کہ جن اعمال کے بغیر ایمان کامل ہی نہیں ہو سکتا۔ ان میں سے کسی کو چھوٹنے نہ دے اور سب پر عمل کرنے کی کوشش کرے۔

صفاتِ الٰہی کے حصول کا تیسرا ذریعہ

تیسرا ذریعہ صفاتِ الٰہیہ کو اپنے نفس میں جاری کرنے کا یہ ہے کہ ایسے اعمال جن کے کرنے یا نہ کرنے سے تزکیہ حاصل ہوتا ہے۔ انسان ان کو دل میں لائے اور اُن کا بار بار وِرد کرے۔ کیونکہ جن باتوں کو بار بار یاد کیا جاتا ہے وہ دِل میں گڑ جاتی ہیں۔ مَیں اس کے متعلق مثال دے کر سمجھاتا ہوں۔ مثلاً ایک ایسا شخص ہے جسے جھٹ پٹ غصّہ آجاتا ہے۔ اُسے چاہیئے کہ فرصت کے اوقات میں اس اَمر پر غور کیا کرے۔ کہ مجھے غصّہ بہت جلد آجاتا ہے۔ اور یہ بُرا فعل ہے اور میری روحانی ترقی کے راستہ میں روک ہے۔ اس لئے مَیں آئندہ ہرگز ہرگز ایسا فعل نہ کروں گا۔ اور اس اَمر کو بار بار اپنے دل میں لاوے یہاں تک کہ دل میں نقش ہو جاوے اور وہ اس مرض سے بچ جاوے۔ اگر اس طرح کا عہد کہ مَیں آئندہ یہ کام نہ کروں گا یا کروں گا اسے یاد نہ رہتا ہو اور اس طرح کامیابی نہ ہو۔ تو ایک اَور گُر ہے۔ اسے استعمال کرے۔ اور وہ یہ کہ لمبے عہد سے انسان کی طبیعت گھبرا جاتی ہے۔ اس لئے بجائے لمبے عہد کے یہ سوچے کہ یہ فعل مَیں آج تو ضرور کروں گا۔ یا آج بالکل نہیں کروں گا۔ اس دن اس کا نفس رُکا رہے گا۔ کیونکہ وہ اپنے آپ کو ملامت کرے گا۔ کہ کیا ایک دن بھی مَیں اپنی بات پر قائم نہیں رہ سکتا۔ دوسرے دن سے پہلے وہ پھر ایک دن کے لئے عہد

کرے۔ اور اسی طرح عہد کرتا چلا جاوے یہاں تک کہ نفس پر غلبہ پا جاوے پس کسی معیوب عادت کو ترک کرنے کے لئے اس طرح اپنے نفس سے مقابلہ کرنا چاہیئے نہ کہ یک دم سارا بوجھ ڈال دینا چاہیئے۔ اس طرح کامیابی مشکل ہوتی ہے آسانی سے کامیابی آہستہ آہستہ بڑھنے اور مزاولت اختیار کرنے سے ہوسکتی ہے۔ پس ایک دفعہ اپنے نفس سے ایک اچھا عمل کراؤ۔ اور دوسرے وقت پھر اسی پر اسے لگاؤ۔ اور اسی طرح کئی بار کراؤ جس سے اسے عادت پڑ جائے گی۔ انسان کا نفس دراصل بچّہ کی طرح ہوتا ہے۔ اس لئے اس سے بچّوں والا معاملہ کرنا چاہیئے۔ اور اسے رُوحانی تعلیم دینے کے لئے وہی طریق اختیار کرنا چاہیئے۔ جو سکولوں میں بچّوں کو تعلیم دینے کے لئے اختیار کیا جاتا ہے کہ پہلے انہیں چھوٹے سبق پڑھاتے ہیں۔ اور آہستہ آہستہ زیادہ بڑھاتے جاتے ہیں۔

تزکیہ نفس حاصل کرنیکا تیسرا طریق

حصول تزکیہ کا ایک طریق یہ بھی ہے کہ تکرار کی جاوے۔ یہ بھی قرآن کریم سے ثابت ہے جیسا کہ خدا تعالےٰ فرماتا ہے۔ لَيْسَ عَلَى الَّذِيْنَ اٰمَنُوْا وَعَمِلُوا الصّٰلِحٰتِ جُنَاحٌ فِيْمَا طَعِمُوْٓا اِذَا مَا اتَّقَوْا وَّاٰمَنُوْا وَعَمِلُوا الصّٰلِحٰتِ ثُمَّ اتَّقَوْا وَّاٰمَنُوْا ثُمَّ اتَّقَوْا وَّاَحْسَنُوْا وَاللّٰهُ يُحِبُّ الْمُحْسِنِيْنَ۔ (المائدہ : ۹۴) کہ مومنوں پر گناہ نہیں ان چیزوں کے متعلق جو وہ کھاتے ہیں۔ جبکہ وہ متقی ہوں اور ایمان لائیں۔ اور عمل صالح کریں۔ یعنی پہلے ایسا تقویٰ کریں جس کا نتیجہ ایمان او رعمل صالح ہوں۔ پھر تقویٰ کریں۔ اور ایمان لائیں۔ پھر تقویٰ کریں۔ اور محسن ہو جائیں اور اللہ محسنین سے محبّت رکھتا ہے۔

اس آیت میں تین دفعہ تقویٰ اختیار کرنے کا حکم دیا ہے اور تین ہی

بار تقویٰ کے الگ الگ نتیجے بتائے ہیں۔ پہلے تقویٰ کے ساتھ یہ بتایا ہے۔ کہ اس کے اختیار کرنے سے ایمان اور عملِ صالح حاصل ہوں۔ ان اعمال سے وہی اعمال مراد ہیں جو اپنی تمام شرائط کے ساتھ کئے جائیں۔ اور ایمان خالص ہو۔ اس کے بعد فرمایا پھر تقویٰ کرے۔ اس کے ساتھ صرف اٰمَنُوا رکھا ہے جس میں بظاہر اعتراض پڑتا ہے کہ عجیب بات ہے کہ پہلے تقویٰ کا نتیجہ ایمان اور اعمالِ صالح بتائے تھے اور دوسری دفعہ تقویٰ کا حکم دیتے ہوئے صرف ایمان ہی نتیجہ بتاتا ہے۔ اس کا جواب یاد رکھنا چاہیئے۔ ایک ایمان ایسا ہوتا ہے جس کا اعمالِ صالح لازمی نتیجہ نہیں ہوتے۔ اور ایک ایمان ایسا ہوتا ہے۔ جس کا لازمی نتیجہ اعمالِ صالح ہوتے ہیں۔ چونکہ پہلی بار اسی ایمان کا ذکر کیا جس کا لازمی نتیجہ اعمالِ صالح نہیں ہوتے اور ایسا پختہ نہیں ہوتا کہ اس کے ساتھ لازمی طور پر اعمالِ صالح ہوں۔ اس لئے ساتھ ان کا بھی حکم دے دیا۔ لیکن دوسری بار جس ایمان کا ذکر ہے۔ وہ پہلے سے زیادہ پختہ ہے۔ اور اس کی وجہ سے اعمال صالح خود بخود ہوتے چلے جاتے ہیں۔ اس لئے اس کے ساتھ اعمال صالح کا ذکر نہیں کیا۔

اس کے بعد تیسری بار فرمایا۔ پھر تقویٰ اختیار کرو اور اس کے نتیجہ میں مُحسن ہو جاؤ۔ جس میں اشارہ کیا ہے کہ تکرارِ عمل سے انسان کے ایمان میں خاص ترقی حاصل ہوتی ہے۔ اور وہ ہر دفعہ قدم آگے بڑھاتا ہے۔

اس آیت میں جو احسان کا لفظ ہے۔ اس کے معنے خود رسول کریم صلے اللہ علیہ وسلم نے بیان فرمائے ہیں۔ اور وہ یہ کہ احسان یہ ہے کہ اَنْ تَعْبُدَ اللّٰہَ کَاَنَّکَ تَرَاہُ فَاِنْ لَّمْ تَکُنْ تَرَاہُ فَاِنَّہٗ یَرَاکَ۔ کہ تو خدا تعالےٰ کی اس طرح عبادت کرے۔ کہ گویا اس کو دیکھ رہا ہے۔ اور

اگر یہ حالت نہ پیدا ہو۔ تو کم سے کم یہ حالت ہو کہ تجھے یہ یقین ہو کہ خدا مجھے دیکھ رہا ہے اور اسی کا نام عرفانِ الٰہی ہے۔ پس اس آیت سے پتہ لگتا ہے کہ کسی عمل کا تکرار کیسا ضروری ہوتا ہے اور کس طرح ہر دفعہ اس سے پہلے کی نسبت بڑا نتیجہ نکلتا ہے۔ کیونکہ فرماتا ہے کہ جب ایک انسان تقویٰ سے کام لیتا ہے۔ تو اسے ایمان نصیب ہوتا ہے۔ اور عملِ صالح کی توفیق ملتی ہے۔ اس کے بعد جب وہ پھر تقویٰ سے کام لیتا ہے۔ تو اس کے ایمان میں اور ترقی ہوتی ہے اور وہ ایسا پختہ ہو جاتا ہے۔ کہ اعمالِ صالحہ اس کے ایمان کا جزو بن جاتے ہیں۔ اور خود بخود ہی اس سے نیکیاں سرزد ہوتی ہیں جب پھر تقویٰ سے کام لیتا ہے تو اور بھی ترقی ہو جاتی ہے۔ اور محسن کا درجہ اسے نصیب ہو جاتا ہے۔ جس کی تشریح اللہ تعالیٰ نے تو یہ فرمائی کہ وہ خدا تعالیٰ کا محبوب ہو جاتا ہے۔ اور محبوب سے کون پردہ کرتا ہے اور رسول کریم صلی اللہ علیہ وسلم نے صاف لفظوں میں کہہ دیا کہ وہ خدا کو دیکھ لیتا ہے اور اسی کا نام عرفانِ الٰہی ہے۔

تزکیۂ نفس کے حصول کا چوتھا طریق

یہ ہے کہ اعمال پر دوام اختیار کرو۔ چنانچہ اللہ تعالیٰ فرماتا ہے فَاعْبُدْ رَبَّكَ حَتّٰى يَاْتِيَكَ الْيَقِيْنُ (الحجر : ١٠٠) کہ اللہ کی عبادت اس وقت تک کرتے رہو۔ جب تک کہ موت آجائے۔ اور تم اس دنیا سے جدا کئے جاؤ۔ وہ لوگ جھوٹے اور کذاب ہیں جو یہ کہتے ہیں کہ ہمیں خدا مل گیا ہے۔ اس لئے کب تک کشتی میں بیٹھے اس کی تلاش کرتے رہیں۔ اور نماز۔ روزہ۔ حج۔ زکوٰۃ ایک کشتی ہے جو خدا تک پہنچانے کا ذریعہ ہے۔ پس جب خدا تک انسان پہنچ جائے تو پھر بھی اسی کشتی میں بیٹھا رہنا نادانی ہے۔ یہ بعض جھوٹے اور فریبی صوفیوں

کی باتیں ہیں کہ اعمال کشتی ہیں جو خدا تک پہنچاتے ہیں۔ اَب کیا کبھی خدا تک پہنچیں گے۔ یا نہیں۔ جب پہنچ جائیں۔ تو پھر ان کی ضرورت نہیں رہتی۔ لیکن یہ بالکل غلط اور جھوٹ ہے۔ وجہ یہ کہ جس ہستی کے پاس ہمیں پہنچنا ہے وہ محدود نہیں اور ہم ایک ایسے دریا کے اندر چل رہے ہیں۔ جو کبھی ختم ہونے والا نہیں۔ پس ہماری مثال اس شخص کی سی ہے۔ جو دریا میں جا رہا ہو۔ اور جس کی غرض یہ ہو کہ وہ اس دریا کے دہانے تک پہنچے۔ نہ اس شخص کی جو ایک کنارۂ دریا سے دوسرے کنارہ تک جا رہا ہو۔ پس چونکہ خدا محدود نہیں۔ اس لئے اس تک پہنچنے کے لئے ہمارے اعمال بھی محدود نہیں ہونے چاہئیں۔ ہاں اگر وہ محدود ہوتا۔ تو ہماری نمازیں۔ ہمارے روزے۔ ہماری زکوٰۃ۔ ہمارا حج بھی محدود ہوتا۔ لیکن وہ محدود نہیں تو ہمارے اعمال کس طرح محدود ہو سکتے ہیں۔ ہمیں اپنے اعمال کے نتیجہ میں کل جس قدر اجر ملا تھا۔ آج اس سے زیادہ ملے گا۔ اور آنے والے کل میں اس سے زیادہ حتّٰی کہ ہر روز اس میں ترقی ہوتی جائے گی۔ پس عبادت پر دَوام ہونا چاہیئے۔ یہ نہ ہو کہ کچھ عرصہ کی اور پھر چھوڑ دی۔ ایسا کرنے سے پہلے جو کچھ حاصل ہوا ہے۔ اس کا بھی کوئی فائدہ نہیں ہو سکتا جیسا کہ اللہ تعالیٰ فرماتا ہے کہ وَلَا تَكُونُوا كَالَّتِي نَقَضَتْ غَزْلَهَا مِنْ بَعْدِ قُوَّةٍ أَنْكَاثًا (النحل: ۹۳) یعنی اس عورت کی طرح نہ ہو۔ جس نے سوت کات کر جب وہ قابلِ استعمال ہو گیا اسے کاٹ کر ٹکڑے ٹکڑے کر کے پھینک دیا۔

تزکیہ نفس کے حصول کا پانچواں طریق

بہت سی باتیں ایسی ہوتی ہیں جنہیں انسان بغیر استاد کے سمجھ نہیں سکتا۔ اور ضروری ہوتا ہے کہ ان کو سمجھانے والا اسے کوئی استاد

ملے۔ خدا تعالیٰ بھی فرماتا ہے یٰۤاَیُّهَا الَّذِیْنَ اٰمَنُوا اتَّقُوا اللّٰهَ وَكُوْنُوْا مَعَ الصّٰدِقِیْنَ۔ (التوبہ: ۱۱۹) کہ اے مومنو اللہ کا تقویٰ اختیار کرو۔ اور صادقوں کے ساتھ ہو جاؤ۔ یعنی ان کی مجلسوں میں بیٹھو۔ تاکہ پختہ ہو جاؤ۔ پس یہ بہت ضروری بات ہے کہ اُستادِ کامل سے انسان فائدہ اُٹھائے۔ مجدّدوں۔ ولیوں اور کامل مومنوں کے سلسلے ہر زمانہ میں چلتے ہیں۔ اور جب یہ مفقود ہوتے ہیں تو خدا کسی نبی کو بھیج دیتا ہے۔ اس لئے ان سے فائدہ اُٹھانا چاہیئے۔ کیونکہ جس طرح کوئی طالب علم خود بخود کتابیں نہیں پڑھ سکتا۔ بلکہ اسے استاد کی ضرورت ہوتی ہے۔ اسی طرح روحانی مدارج بھی خود بخود حاصل نہیں ہو سکتے ان کے لئے بھی استاد کی ضرورت ہے۔ اسی لئے قرآن کریم میں خدا تعالیٰ فرماتا ہے۔ وَعَدَ اللّٰهُ الَّذِیْنَ اٰمَنُوْا مِنْكُمْ وَعَمِلُوا الصّٰلِحٰتِ لَیَسْتَخْلِفَنَّهُمْ فِی الْاَرْضِ كَمَا اسْتَخْلَفَ الَّذِیْنَ مِنْ قَبْلِهِمْ (النور: ۵۶) کہ ہم ہمیشہ اُمّتِ محمدیہؐ میں خلفاء بھیجتے رہیں گے۔ آگے یہ نہیں بتایا کہ وہ کیسے ہوں گے۔ بلکہ یہ کہہ دیا ہے کہ پہلی اُمّتوں میں جس طرح کے ہوتے رہے ہیں۔ اسی طرح کے اس اُمّت میں بھی ہوں گے۔ پہلے سیاسی بھی ہوئے ہیں اور بغیر سیاست کے بھی۔ اسی طرح اس اُمّت میں بھی ہوں گے۔ کیوں اس لئے کہ وَلَیُمَكِّنَنَّ لَهُمْ دِیْنَهُمُ الَّذِی ارْتَضٰی لَهُمْ وَلَیُبَدِّلَنَّهُمْ مِّنْ بَعْدِ خَوْفِهِمْ اَمْنًا۔ (النور: ۵۶) تاکہ اُن کے ذریعہ دین قائم ہو۔ اور وہ لوگوں کی اصلاح کریں اور ان کے استاد ہوں۔ تو خدا تعالیٰ بھی استاد کا ہونا ضروری قرار دیتا ہے۔ جس سے معلوم ہوا کہ اس کے بغیر کام نہیں چل سکتا۔ بہت سی باتیں جو انسان بغیر استاد کے سالوں میں معلوم کر سکتا ہے استاد کے ذریعہ منٹوں میں معلوم ہو سکتی ہیں۔ تعلیم شروع کرتے وقت ہی اگر لڑکے ڈکشنریاں استعمال کرنے لگ جائیں اور ان کے ذریعہ تعلیم پانا چاہیں۔ تو کئی سالوں

میں بھی اتنا نہ پڑھ سکیں جتنا استاد کے ذریعہ چند دنوں میں پڑھ لیتے ہیں۔ یہی دیکھ لو۔ اس وقت میں جو تقریر کر رہا ہوں اور جو باتیں بیان کر رہا ہوں۔ ان کے دریافت کرنے کے لئے اگر آپ لوگ اپنے اپنے طور پر کوشش کرتے۔ تو اس کے لئے کئی سالوں کی ضرورت ہوتی۔ مگر اب چند گھنٹوں میں آپ لوگوں نے اس قدر سن لیا ہے جو سالوں میں معلوم ہو سکتا ہے اور پھر بھی بڑی مشکل سے۔ تو استاد کا ہونا نہایت ضروری ہے۔ اور خدا نے تم سے وعدہ کیا ہے کہ تمہیں ہم استاد دیتے رہیں گے۔ اور تمہیں تو اس استاد کی تلاش کی بھی ضرورت نہیں۔ کیونکہ تم ایسے منتظم سلسلہ میں ہو کہ تمہارے لئے خدا تعالیٰ خود چن کر استاد کھڑا کر دیتا ہے۔ پس تمہارے لئے وہ دقتیں نہیں ہیں جو دوسروں کے لئے ہیں۔ اس لئے تمہیں ضرور فائدہ اٹھانا چاہیئے۔

تزکیہ نفس کے حصول کا چھٹا طریق

جس سے انسان بہت بڑا فائدہ حاصل کر سکتا ہے۔ وہ محاسبہ ہے۔ اس سے اگر انسان فائدہ اٹھائے تو بہت جلد اسے تزکیہ نفس حاصل ہو جاتا ہے لیکن اس کی تفصیل وہ نہیں ہے جو آپ لوگوں کے ذہن میں ہے۔ بلکہ وہ ہے۔ جو میں بتاؤں گا۔ جس سے معلوم ہو جائے گا کہ محاسبہ کیا چیز ہے۔ اس میں کیا دقتیں پیش آتی ہیں اور وہ کس طرح دور ہو سکتی ہیں۔ اور وہ کس طرح کرنا چاہیئے۔ پہلے قرآن کریم سے یہ بتاتا ہوں کہ محاسبہ ہونا چاہیئے۔ خدا تعالیٰ فرماتا ہے۔ يَوْمَ يَبْعَثُهُمُ اللّٰهُ جَمِيْعًا فَيُنَبِّئُهُمْ بِمَا عَمِلُوْا ۚ اَحْصٰهُ اللّٰهُ وَ نَسُوْهُ ۚ وَ اللّٰهُ عَلٰى كُلِّ شَيْءٍ شَهِيْدٌ۔ (المجادلۃ : ۷) یعنی اس دن کو یاد کرو کہ جس دن اللہ تعالیٰ ان سب کو مبعوث کرے گا۔ اور ان کے اعمال کی انہیں خبر دے گا۔ اللہ تعالیٰ نے ان کو گن رکھا ہے۔ لیکن یہ لوگ جن کا فرض تھا کہ ان کو یاد رکھتے۔ یہ ان کو بھول گئے ہیں۔ اور اللہ تعالیٰ تو ہر ایک بات پر نگران ہے گویا

یاد رکھنے کی ضرورت تو انہیں تھی جنہیں حساب دینا تھا۔ مگر وہ بھولتے رہے اور اللہ گنتا رہا اور یہ نہایت عجیب بات ہے اور خلافِ دانش ہے۔ پس اس آیت سے معلوم ہوتا ہے کہ محاسبہ ضروری ہے۔ خدا تعالیٰ فرماتا ہے۔ بندہ کے لئے ضروری تھا۔ کہ اپنے اعمال کا محاسبہ کرتا رہتا۔ کیونکہ اسے قیامت کو حساب دینا تھا۔ اسے چاہیئے تھا کہ وہ اپنے اعمال اپنے سامنے رکھتا۔ لیکن اس نے ایسا نہ کیا۔ تو محاسبہ کرنا قرآن کریم سے ثابت ہے۔ پھر حضرت عمر رضی اللہ عنہ کا ایک قول مشہور ہے جسے عام طور پر غلطی سے حدیث سمجھا جاتا ہے کہ حَاسِبُوْا قَبْلَ اَنْ تُحَاسَبُوْا تم اپنا محاسبہ کرو قبل اس کے کہ تمہارا محاسبہ کیا جائے۔

محاسبہ کی دو قسمیں

اَب یاد رکھنا چاہیئے کہ محاسبے دو قسم کے ہوتے ہیں اور ان دونوں میں فرق ہے۔ جس کے نہ سمجھنے کی وجہ سے بہت لوگ محاسبہ کو ہی نہیں سمجھ سکے۔ اور نہ دوسروں کو اس کی طرف توجہ دلا سکے۔ تم لوگ ان دونوں قسموں کو خوب یاد رکھو۔ محاسبہ کی ایک قسم جُزْ کے متعلق ہے اور دوسری کُل کے متعلق۔ ان میں فرق نہ کرنے کی وجہ سے عام لوگ محاسبہ کو نہیں سمجھ سکتے۔ قسم اوّل تو وہ ہے جو ہر عمل کے ساتھ تعلق رکھتی ہے۔ اور قسمِ دوم تمام اعمال کے متعلق ہے۔ پہلی قسم اعمال کو دُرست کرتی ہے۔ اور دوسری قسم انہیں صیقل کرتی ہے۔ لوگوں نے ان دونوں کو ملا دیا ہے۔ یا صرف دوسری کو بیان کیا ہے لیکن اصل محاسبہ جس سے زیادہ فائدہ ہو سکتا ہے یہی ہے کہ دونوں طرح محاسبہ کیا جاوے۔

اَب مَیں ان دونوں قسموں کی تفصیل بیان کرتا ہوں۔ پہلی قسم جو اجزا کے متعلّق ہے۔ اس کی تین قسمیں ہیں۔ (۱) محاسبہ اُولیٰ ۔ (۲) محاسبہ وسطیٰ۔ (۳) محاسبہ اخریٰ۔

محاسبہ اولیٰ ہر ایک انسان کو چاہیئے کہ جب وہ کوئی کام کرنے لگے تو اس کے شروع کرنے سے پہلے اپنے نفس کا محاسبہ کرے اور اس سے دو۲ سوال کرے۔ (۱) اس کام کے کرنے کی غرض کیا ہے؟ (۲) کس کی خاطر وہ یہ کام کرنے لگا ہے؟ سوال اوّل سے تو اس کو یہ فائدہ ہوگا۔ کہ اگر وہ کام بُرا ہے تو اس سوال کے جواب سے اس کی برائی کا اس کو علم ہو جاوے گا کیونکہ اغراض کے ساتھ ہی چیزوں کی نیکی یا بدی وابستہ ہے۔ جب اس کا نفس اس کے سوال کا جواب دے گا اور اس کام کی بُرائی اس پر ظاہر ہوگی۔ تو خود بخود اس کے دل میں شرمندگی پیدا ہوگی۔ اور نفس کا جوش ٹھنڈا پڑ جاوے گا۔ کیونکہ شرمندگی اور ندامت سے نفس کا جوش ٹھنڈا پڑ جایا کرتا ہے۔ مثلاً چوری ہے اس کے ارتکاب کا جب خیال پیدا ہو تو اپنے آپ سے سوال کرے کہ میں کیوں کرنے لگا ہوں؟ کہے گا۔ مال حاصل کرنے کے لئے۔ اس پر سوال کر سکتا ہے۔ کیا مال حاصل کرنے کے خدا نے اور ذریعے نہیں بنائے؟ کہ میں دوسرے کا مال بلاوجہ لوٹتا ہوں اور اگر میرے ساتھ ایسا ہی معاملہ کوئی کرے تو میں اسے کیسا ناپسند کروں گا۔ اس طرح اس کا نفس لاجواب ہو جائے گا۔ اور وہ چوری کرنے سے رُک جائے گا۔ تو یہ پہلا محاسبہ ہے جو کسی کام کے کرنے سے پہلے نفس سے کرنا چاہیئے۔ ہاں یہ یاد رکھنا چاہیئے کہ بعض اوقات جب کسی فعل کے متعلق نفس سے سوال کیا جائے گا۔ تو وہ جواب دے گا کہ یہ نیکی ہے۔ لیکن اس پر اگر جرح کی جاوے گی۔ تو پکڑا جائے گا اور شرمندہ ہوگا۔ تو بہت سے گناہ پہلے ہی سوال پر چھوٹ جائیں گے اور بہت سے دوسرے تیسرے پر۔ لیکن کبھی ایسا ہوگا۔ کہ اس محاسبہ کے بعد معلوم ہوگا کہ جو کام یہ کرنے لگا ہے وہ نیکی ہے اور اس کے اور دوسروں کے لئے موجب نفع ہے اس وقت بھی یہ محاسبہ کو ختم نہ کرے۔ بلکہ محاسبۂ اولیٰ کی دوسری شق سے

کام لے اور وہ یہ ہے کہ

(۲) اپنے نفس سے سوال کرے کہ یہ کام میں کس کی خاطر کرتا ہوں؟ اس سوال کے جواب سے اسے معلوم ہوگا کہ کئی باتیں جو بظاہر نیک معلوم ہوتی تھیں۔ درحقیقت بدیاں تھیں۔ مثلاً نماز پڑھتے وقت یا صدقہ دیتے وقت یا احسان کرتے وقت پہلے محاسبہ کے جواب میں اس کا نفس ثابت کرے گا۔ کہ یہ سب کام مفید ہیں۔ لیکن اگر ریا اور سمعت کے لئے یہ اس نے کام کرنے چاہے تھے تو دوسرے سوال کے جواب پر کہ مَیں یہ کام کس کی خاطر کرنے لگا ہوں؟ وہ جُبّہ نیکی کا جو نفس نے ان کاموں کو پہنایا تھا۔ اُتر جاوے گا۔ اور اسے معلوم ہو جاوے گا کہ یہ نیکی بھی بدی تھی۔ اور فوراً یہ اپنے ارادہ کو بدل کر محض خدا کے لئے یا بنی نوعِ انسان کے فائدہ کے لئے اس کام کے کرنے کی نیّت کرلے گا۔ اور بدی کو نیکی سے بدل دے گا۔

محاسبہ وسطیٰ اس ابتدائی محاسبہ کے بعد پھر کام کے شروع کرنے پر دوسرا محاسبہ ہوتا ہے۔ اس محاسبہ کا بہت فائدہ ہوتا ہے۔ اس محاسبہ کا یہ طریق ہے۔ کہ ہر ایک کام کے دوران میں یہ سوال اپنے نفس سے کرے کہ مَیں یہ کام کس طرح کرتا ہوں۔ یعنی اس کو تکمیل تک پہنچانے کے لئے کن ذرائع کو استعمال کرتا ہوں۔ اس محاسبہ کی یہ ضرورت ہے کہ بہت دفعہ انسان ایک نیک کام کرتا ہے اور نیک ارادہ سے ہی کرتا ہے۔ مگر اس کے پُورا کرنے کے لئے ایسے ذرائع استعمال کرتا ہے جو درست نہیں ہوتے۔ یا اس نیک کام کو ان شرائط کے ساتھ پُورا نہیں کرتا جن سے اُن کا پُورا کرنا اس کے لئے ضروری تھا۔ پس جب یہ ہر ایک کام کے درمیان میں اپنے نفس سے سوال کرے گا کہ تُو کس طرح یہ کام کر رہا ہے؟ تو اس سوال کے جواب سے اگر کوئی غلطی اس کے طریقِ عمل میں ہوگی۔ نکل جائے گی۔

محاسبہ آخری وہ ہے جو کسی کام کے ختم ہونے پر کیا جاتا ہے اور وہ یہ ہے کہ اپنے نفس سے سوال کرے کہ اس کام کا اثر اس کے دل پر کیا پڑا ہے؟ اس سوال کی یہ ضرورت ہے۔ کہ بعض دفعہ انسان نیکی کرتا ہے اور نیک ذرائع سے کرتا ہے مگر اسے کر چکنے کے بعد اس کے دل میں عُجب اور تکبّر پیدا ہو جاتا ہے اور وہ تباہ ہو جاتا ہے۔ پس نیکی کرنے کے بعد جب وہ اپنے نفس کو ٹٹولے گا۔ کہ اس پر اس کا کیا اثر ہوا ہے۔ تو اگر اس پر فخر اور بڑائی کا کوئی اثر ہوا ہو گا تو اس سے پیشتر کہ وہ بڑھ کر درخت بن جاوے۔ یہ واقف ہو جاوے گا۔ اور اپنے نفس کو ملامت کرے گا۔ اور اپنے اعمال کو ضائع ہونے سے بچائے گا۔ اور اگر یہ دیکھے گا کہ اس کا اثر اس کے دل میں یہ پیدا ہوا ہے۔ کہ اَور بھی عجز اور تذلّل پیدا ہو گیا ہے۔ تو پہلے عمل کے نیک اثر کو دیکھ کر اور زیادہ نیکیوں کی طرف رغبت کرے گا اور ان کی طرف اور بھی شوق سے قدم بڑھائے گا۔ غرض محاسبہ تین قسم کا ہے۔ پہلا محاسبہ یہ ہے کہ ارادہ آنے پر سوال کرے کہ مَیں یہ کام کس غرض سے اور کس کے لئے کرتا ہوں؟ یہ محاسبہ ابتدائیہ ہو گا۔ دوسرا محاسبہ یہ ہے کہ جب کام شروع کر دے۔ اس وقت سوال کرے کہ مَیں اس کام کو کس طرح کرتا ہوں؟ یہ محاسبہ وسطی ہو گا۔ تیسرا محاسبہ یہ ہے کہ جب کر چکے تو نفس سے پوچھے۔ کہ تجھ پر اس کا کیا اثر ہوا ہے؟ یہ محاسبہ آخری ہو گا۔ اگر انسان ان سوالات پر عمل شروع کر دے۔ تو کچھ عرصہ کے بعد اسے ایسی عادت ہو جائے گی۔ کہ خود بخود نفس سے ہر عمل پر سوال پیدا ہوتے جائیں گے۔ یہ محاسبہ اجزائے اعمال کے متعلّق ہے۔

دوسری قسم محاسبہ کی کُلّی محاسبہ ہے یہ اکٹھا ایک دفعہ سب اعمال پر کرنا بہت مشکل ہے کیونکہ انسان کو اپنے اعمال بھول جاتے ہیں۔ اور چونکہ یہ محاسبہ اس قدر وسیع ہے کہ تمام اعمال پر حاوی ہے۔ اس لئے کئی اعمال چھوٹ جائیں گے۔

خدا تعالےٰ بھی بتاتا ہے کہ انسان کی نظر کس قدر کمزور ہے فرماتا ہے لَقَدْ كُنْتَ فِي غَفْلَةٍ مِّنْ هٰذَا فَكَشَفْنَا عَنْكَ غِطَاءَكَ فَبَصَرُكَ الْيَوْمَ حَدِيْدٌ (ق : ۲۳) یعنی دُنیا میں تجھے یہ باتیں بھولی ہوئی تھیں۔ اَب تجھے خوب یاد آگئی ہیں۔ اس لئے کوئی ایسی ترکیب ہونی چاہیئے کہ انسان تمام اعمال کا آسانی سے محاسبہ کر سکے۔ اور کوئی عمل اس سے چھوٹ نہ جائے۔ اس کے لئے اوّل ترکیبِ طبعی تو یہ ہے کہ اعمال کو تقسیم کر دیں۔ مثلاً نیکیوں کی تقسیم اس طرح ہو سکتی ہے۔ کہ اوّل وہ جو خدا کے متعلق ہیں۔ دوم وہ جو اپنے نفس کے متعلق ہیں۔ سوم وہ جو دوسری مخلوق کے متعلق ہیں۔ اسی طرح بدیوں کے متعلق تقسیم ہو سکتی ہے۔ اس تقسیم کو مدّ نظر رکھ کر جب محاسبہ کیا جائے گا تو بہت سی باتیں یاد آجائیں گی۔

اعمالِ حسنہ چار قسم کے ہیں

اعمال کی اور کئی طرح بھی تقسیم کی جا سکتی ہے۔ مثلاً اعمالِ حسنہ چار قسم کے ہوتے ہیں۔

اوّل وہ اعمال جن سے انسان کو خود بھی فائدہ ہوتا ہے۔ اور دوسروں کو بھی فائدہ پہنچتا ہے مگر بعض اوقات انسان ضدّ میں آکر انہیں نہیں کرتا اس کے متعلق دیکھے کہ مجھ سے کوئی اس طرح کا کام تو نہیں رہ گیا۔

دوم وہ اعمال ہوتے ہیں۔ جن سے انسان کو خود تو نفع نہیں ہوتا۔ مگر دوسروں کو ہوتا ہے۔

سوم وہ اعمال ہوتے ہیں جن کے نہ کرنے سے اپنے آپ کو تو نہ نفع ہوتا ہے اور نہ نقصان۔ لیکن دوسرے کا نقصان ہوتا ہے۔

چہارم وہ اعمال ہوتے ہیں کہ ان سے اپنا تو کوئی نقصان ہوتا ہے لیکن دوسرے کو فائدہ ہوتا ہے۔ ان اعمال کو اگر انسان الگ الگ کر کے دیکھے تو اسے

محاسبہ میں بہت آسانی ہو سکتی ہے۔ اسی طرح نہی کے متعلق کیا جا سکتا ہے۔

اس تبویب سے ایک عظیم الشان فائدہ یہ بھی ہوگا کہ انسان کو اعمال کی جڑ اور شاخوں کا پتہ لگ جائے گا۔ اور جب کسی عمل میں نقص پیدا ہو جائے گا۔ تو آسانی کے ساتھ اس کی اصلاح کر سکے گا۔ مگر اس طرح محاسبہ کرنے کی بھی ہر شخص میں طاقت نہیں ہوتی۔ اس لئے آسان ترکیب بتاتا ہوں۔ اور وہ یہ کہ بجائے اس کے کہ انسان سال کے بعد اپنے اعمال کا محاسبہ کرے یا چھ ماہ یا چار ماہ یا ایک ماہ بعد۔ اس طرح کرے کہ قرآن کریم کے اَوَامِر نَوَاہی پر نشان لگالے۔ اور پھر عہد کرے کہ روزانہ ایک دو تین یا جتنے رکوع پڑھ سکے۔ پڑھا کرے۔ اور پڑھتے وقت اس بات کی احتیاط رکھے کہ طوطے کی طرح نہ پڑھے۔ بلکہ اَوَامِر نَوَاہی پر غور کرے اور روزانہ پڑھتے وقت جس حکم کا ذکر آوے۔ اس پر سوچے کہ کیا میں یہ کام کرتا ہوں۔ اور جس نہی کا ذکر آوے اس پر غور کرے کہ کیا میں اس سے باز رہتا ہوں۔ اس طرح باآسانی محاسبہ ہو جائے گا۔ دیکھو جب کوئی شخص مکان تعمیر کراتا ہے تو انجنیر یا اور کسی واقف کار انسان سے حساب لکھواتا ہے۔ تاکہ کوئی چیز رہ نہ جائے اور مکان مکمل نہ ہو سکے۔ اسی طرح رُوحانی عمارت تعمیر کرنے کے لئے قرآن انجنیر ہے۔ اس سے پوچھنا چاہیئے کہ ہمیں ایمان کی تکمیل کے لئے کونسی چیزوں کی ضرورت ہے اور اس کا یہی طریق ہے کہ قرآن پڑھتے وقت جو جو اَمر یا نَہی آئے۔ اس پر غور کرتے چلے جاویں کہ آیا اسی طرح ہمارا عمل ہے یا نہیں۔ یہ ایسا طریق ہے کہ جو بھی کوشش کرے وہ کر سکتا ہے۔ ہاں اس میں ایک احتیاط کی بھی ضرورت ہے اور وہ یہ کہ اس معاملہ میں نفس کی بات نہیں ماننی چاہیئے۔ مثلاً غیبت ہے۔ اس کے متعلق اگر نفس کہے کہ میں نے کبھی غیبت کی ہی نہیں۔ تو اس کو تسلیم نہیں کر لینا چاہیئے۔ بلکہ اوّل تو اپنے اعمال کو ٹٹولے۔ اگر پھر بھی معلوم ہو

کہ اس نے یہ جُرم نہیں کیا۔ تو پھر غیبت کی تشریح کرے۔ کہ غیبت کیا شے ہے۔ بہت دفعہ تشریح کرنے سے معلُوم ہو گا۔ کہ انہوں نے غیبت کو اچھی طرح سمجھا ہی نہ تھا۔ اس لئے سمجھ رہے تھے کہ ہم نے غیبت کبھی کی ہی نہیں۔ کئی ایسے لوگ ہوتے ہیں کہ کسی کی برائی کر رہے ہوتے ہیں۔ جب انہیں سمجھایا جائے۔ کہ کیوں غیبت کرتے ہو تو کہتے ہیں۔ کیا ہم جھُوٹ کہتے ہیں۔ اس سے معلوم ہوتا ہے کہ وہ جانتے ہی نہیں۔ کہ غیبت کیا ہوتی ہے۔ وہ سمجھتے ہیں۔ اگر کسی کے متعلق کوئی خلافِ واقعہ بات بیان کی جائے تو وہ غیبت ہوتی ہے۔ حالانکہ خلافِ واقعہ بات کو جھُوٹ کہا جاتا ہے۔ اور غیبت سچّی بات پسِ پشت بیان کرنے کو کہتے ہیں۔ اَب ایک ایسا شخص جو غیبت کی یہ تعریف سمجھتا ہے کہ بیٹھ پیچھے خلاف واقعہ بات بیان کرنے کو کہتے ہیں۔ وہ جب یہ پڑھے گا کہ غیبت نہ کرو۔ تو سمجھے گا کہ مَیں تو نہیں کرتا۔ لیکن اگر غیبت کی صحیح تعریف اپنے دل میں لائے گا۔ اور جھُوٹ سے اس کا مقابلہ کرے گا۔ تو اسے معلُوم ہو جائے گا کہ مَیں غیبت کا مرتکب ہوتا ہوں۔ بعض لوگ کہا کرتے ہیں کہ ہم یہ بات تو اس کے مُنہ پر بھی کہنے کے لئے تیار ہیں۔ گویا وہ غیبت کی یہ تعریف کرتے ہیں کہ جو بات مُنہ پر نہ بیان ہو سکے وہ غیبت ہوتی ہے۔ حالانکہ جو شخص کسی بھائی کے عیب اس کے پیچھے بیان کرتا ہے۔ اور پھر اس کے سامنے بیان کرنے کے لئے بھی تیار ہو جاتا ہے۔ وہ دو گناہ کا مرتکب ہوتا ہے۔ اوّل غیبت کا دوم دل آزاری کا کسی کا وہ عیب جو خدا نے چھپایا ہو۔ اس کا ظاہر کرنا گناہ ہے اور رسول کریمؐ نے فرمایا ہے۔ خدا اس کا عیب چھپاتا ہے جو دوسرے کا چھپاتا ہے۔ لیکن اکثر لوگ غیبت کی تعریف نہ جاننے کی وجہ سے اس کے مرتکب ہوتے ہیں۔

اَب یہ سوال ہو سکتا ہے کہ مختلف گناہوں اور بدیوں کی تعریفیں کس طرح

معلوم ہوں۔ اس کے متعلق اوّل تو وہی صورت ہے۔ جو مَیں نے بتائی ہے کہ استاد سے سیکھو۔ لیکن چونکہ استاد سے بھی تمام جزوی باتیں دریافت نہیں ہو سکتیں۔ اس لئے ایک گُر بتاتا ہوں۔ اور وہ یہ ہے کہ خدا نے انسان میں ایسا غیرت کا مادہ رکھا ہے کہ وہ ایک فعل خود تو کر لیتا ہے۔ لیکن اسی فعل کو اگر کوئی اَور اس کے سامنے کرتا ہے۔ تو اسے غیرت آجاتی ہے اور وہ اسے سخت ناپسند کرتا ہے۔ حضرت خلیفہ اوّل فرماتے تھے کہ مَیں نے ایک چور سے پوچھا تمہیں چوری کرنا بُرا نہیں معلوم ہوتا۔ وہ کہنے لگا۔ بُرا کیونکر معلوم ہو۔ ہم محنت و مشقت سے کماتے ہیں۔ اور بڑی بڑی تکلیفیں اٹھاتے ہیں۔ یونہی تھوڑا ہی کہیں سے اُٹھا لاتے ہیں۔ فرماتے تھے۔ یہ سُن کر مَیں نے اُس سے کچھ اور باتیں شروع کر دیں۔ اور تھوڑی دیر کے بعد پوچھا۔ تم مال آپس میں کس طرح تقسیم کیا کرتے ہو۔ اس نے کہا ایک سُنار ساتھ شامل ہوتا ہے۔ اسے سب زیورات دے دیتے ہیں۔ وہ گلا کر سونا بنا دیتا ہے۔ یا چاندی۔ جیسا زیور ہو۔ پھر مقررشدہ حصّوں کے مطابق ہم تقسیم کر لیتے ہیں۔ مَیں نے کہا۔ اگر وہ اس میں سے کچھ رکھ لے تو پھر؟ وہ کہنے لگا۔ اگر وہ ایسا کرے تو ہم اس بدمعاش چور کا سر نہ اُڑا دیں۔ وہ اس کے باپ کا مال ہے کہ اس میں سے رکھ لے۔ اس مثال سے معلوم ہوتا ہے۔ کہ کس طرح انسان اپنے اعمال کو اور نظر سے دیکھتا ہے اور دوسرے کے اعمال کو اور نظر سے۔ پس گناہ کی تعریف اپنے نفس کو مدّنظر رکھ کر نہیں کرنی چاہیئے۔ بلکہ دوسروں کے اعمال کو مدّنظر رکھ کر کرنی چاہیئے۔ اس صورت میں انسان چھوٹی چھوٹی خطاؤں کو بھی محسوس کرے گا۔ پھر اس جُرم کی تعریف خود نہیں کرنا چاہیئے۔ بلکہ دوسرے کو دیکھ کر تعریف سمجھنا چاہیئے۔ دوسرے کو کرتے دیکھ کر تعریف کو اپنے نفس پر چسپاں کرے گا تو معلوم ہوگا کہ بہت

سی باتیں وہ خود خوشی سے کرلیتا تھا۔ لیکن دوسروں کی دفعہ ان کو گناہِ کبیرہ خیال کرتا تھا۔ یہ گناہ کی تعریف معلوم کرنے کا ایک سہل اور اعلیٰ گُر ہے جس کے استعمال سے بہت کم غلطی کا احتمال باقی رہ جاتا ہے جو تزکیہ نفس کے لئے ضروری ہے۔

تزکیہ نفس کے حصول کا ساتواں طریق

یہ ہے کہ انسان نے جو اوامر اور نواہی معلوم کئے ہوں اُن پر غور کرنے کی عادت ڈالے۔ پہلے میں نے بتایا تھا کہ خیالاتِ بد کو دل سے نکالنا چاہیئے۔ کیونکہ ان کے دل میں جمنے سے نقصان ہوتا ہے لیکن اب کہتا ہوں۔ اوامر اور نواہی کو دل میں جمانا چاہیئے۔ کیونکہ اُن کے جمانے سے فائدہ ہے مثلاً نماز کی برکات اور فوائد پر غور کیا جائے۔ روزے اور دیگر اعمالِ صالح کی حقیقت اور فوائد پر نظر کی جائے۔ اسی طرح جھوٹ، فریب، غدّاری، فسق و فجور وغیرہ کی حقیقت اور اُن کے نتائج پر غور کیا جائے کیونکہ حقیقت کے انکشاف سے بھی انسان کے دل میں کسی چیز کی محبّت یا اس سے نفرت پیدا ہوتی ہے۔ اس کے متعلق قرآن کریم میں آتا ہے۔ لَهُمْ قُلُوْبٌ لَّا يَفْقَهُوْنَ بِهَا وَلَهُمْ اَعْيُنٌ لَّا يُبْصِرُوْنَ بِهَا وَلَهُمْ اٰذَانٌ لَّا يَسْمَعُوْنَ بِهَا (الاعراف : ۱۸۰)۔ فرمایا بعض لوگ ایسے ہوتے ہیں جن کے دل تو ہوتے ہیں مگر ان دلوں سے کام نہیں لیتے اور آنکھیں تو ہوتی ہیں۔ مگر ان آنکھوں سے کام نہیں لیتے اور کان تو ہوتے ہیں۔ مگر ان کانوں سے کام نہیں لیتے۔ مطلب یہ ہے کہ جب تک دل کے کانوں اور دل کی آنکھوں سے کام نہ لیا جائے اس وقت تک کامیابی نہیں ہو سکتی۔

تزکیہ نفس کے حصول کا آٹھواں طریق

یہ ہے کہ انسان میں مادۂ قبولیت ہو۔ یہ نہ ہو کہ کوئی بات سُنتے اور

پھر اس پر عمل کرنے کی کوشش نہ کرے۔ بلکہ جب کوئی بات بتائی جائے تو اس کی طرف توجہ کرے اور اس پر عمل کرنے کی کوشش کرے۔ اس نکتہ کی طرف بھی اُس مذکور الصدر آیت میں اشارہ فرمایا ہے۔ جو لوگ سُن کے اَن سُنا کر دیتے ہیں۔ اور دیکھ کر اَن دیکھا کر دیتے ہیں۔ ان کے لئے ترقی کرنا ناممکن ہے۔

تزکیۂ نفس کے حصول کا نواں طریق

یہ ہے کہ اگر کسی غلطی پر تنبیہ ہو تو اسے برداشت کیا جائے۔ بہت لوگ اس لئے اپنی اصلاح نہیں کر سکتے کہ جب انہیں ان کی کوئی غلطی بتائی جائے تو اس پر چڑتے ہیں اور اس کی اصلاح نہیں کرتے۔ لیکن ایسا نہیں چاہیئے۔ جب غلطی پر تنبیہ ہو تو اس کو برداشت کرنا چاہیئے۔ خدا تعالیٰ فرماتا ہے وَاِذَا قِیْلَ لَہُ اتَّقِ اللّٰہَ اَخَذَتْہُ الْعِزَّۃُ بِالْاِثْمِ فَحَسْبُہٗ جَہَنَّمُ وَلَبِئْسَ الْمِہَادُ۔ (البقرۃ: ۲۰۷) کہ کچھ ایسے لوگ ہوتے ہیں جن کو اگر کہا جائے کہ اللہ کا تقویٰ اختیار کرو۔ تو ان کو نصیحت کے سُننے سے غیرت آجاتی ہے اور اپنی ہتکِ عزت کے خیال سے دیوانہ ہو کر بجائے نصیحت سے فائدہ اٹھانے کے ناصح کا مقابلہ کرنے لگ جاتے ہیں۔ ایسے لوگوں کا ٹھکانا جہنم ہی ہے۔ کیونکہ وہ بجائے اس کے کہ غلطی بتانے والے کے ممنون ہوں۔ اُلٹے اس سے لڑتے ہیں۔ اس سے کوئی یہ نہ سمجھے کہ ہر شخص کو یہ حق حاصل ہے کہ جس کسی میں کوئی غلطی یا نقص دیکھے۔ بازار میں کھڑا ہو کر اسے تنبیہ کرنا شروع کر دے سمجھانا ہمیشہ علیحدگی میں چاہیئے اور سمجھانے والے کو اپنی حیثیت اور قابلیت بھی دیکھنی چاہیئے۔ کہ وہ جس شخص کو سمجھانا چاہتا ہے اسے سمجھانے کی قابلیت بھی رکھتا ہے یا نہیں تاکہ اس کا نتیجہ اُلٹا نہ نکلے۔ غرض جہاں یہ ضروری ہے کہ غلطی کرنے والوں کو برداشت کی طاقت پیدا کرنی چاہیئے۔ اور سمجھانے والے کی بات کو ٹھنڈے دل سے سُننا

چاہیئے۔ وہاں یہ بھی ضروری ہے کہ سمجھانے والا بھی بہت احتیاط سے کام لے۔ یہ نہ ہو کہ جس کو چاہے لوگوں میں ذلیل کرنا شروع کر دے۔

تزکیہ نفس کے حصول کا دسواں طریق

یہ ہے کہ ناامید نہ ہو اور اللہ پر توکل ہو بعض لوگ ایسے ہوتے ہیں جو محنت کرتے کرتے ایسے موقع پر ناامید ہو کر ہٹ جاتے ہیں جبکہ انہیں محنت کا ثمرہ ملنے والا ہوتا ہے۔ ایک بزرگ کا واقعہ لکھتے ہیں۔ کہ وہ ہر روز رات کو اُٹھ کر بعض اُمور کے متعلق دُعا مانگا کرتے تھے۔ اتفاقاً ایک دفعہ ان کا ایک مُرید اُن سے ملنے کے لئے آیا۔ اور تین چار دن ان کے پاس ٹھہرا جس وقت وہ رات کو نماز کے لئے اُٹھے۔ اس کی بھی آنکھ کھل گئی۔ اور وہ بھی اپنے طور پر عبادت میں مشغول رہا۔ جب پیر صاحب دُعا سے فارغ ہوئے تو اُن کو ایک آواز آئی۔ کہ تو خواہ کتنی ہی گریہ و زاری کر تیری دُعا قبول نہ ہوگی۔ یہ آواز گو الہامی تھی مگر اس مرید کو بھی سُنائی دی۔ مرید نے دل میں اُس پر تعجب تو کیا مگر پیر کے پاسِ ادب سے خاموش رہا۔ دوسرے دن پھر اسی طرح وہ بزرگ اُٹھے اور دُعا میں مشغول ہوئے۔ اُس دن بھی اسی طرح آواز آئی۔ اور مُرید نے بھی سُنی۔ مگر پھر بھی خاموش رہا۔ تیسرے دن پھر وہ بزرگ اُٹھے۔ اور اسی طرح دُعا و عبادت میں مشغول ہوئے۔ اور پھر وہی آواز آئی جو مرید نے بھی سُنی۔ تب اس سے نہ رہا گیا۔ اور اس نے پیر صاحب سے کہا۔ کہ ایک دن ہُوا۔ دو دن ہُوا۔ تین دن سے آپ کو یہ آواز آرہی ہے اور آپ بھی بس نہیں کرتے۔ اس پر وہ بزرگ بولے۔ کہ نادان تو اتنی جلدی گھبرا گیا۔ مجھے تو یہ آواز بیس سال سے آرہی ہے۔ مگر میں سُستی نہیں کرتا۔ کیونکہ دُعا عبادت ہے اور بندہ کا کام عبادت ہے خدا تعالیٰ معبود ہے۔ اُس کا کام دُعا کو قبول کرنا یا رد کرنا ہے۔ وہ اپنا کام کر رہا ہے۔

مَیں اپنا کام کر رہا ہوں۔ تُو بیچ میں کون ہے۔ جو گھبرا رہا ہے۔ اس پر وہ مرید خاموش ہو گیا۔ اگلے دن جو وہ دُعا کے لئے اُٹھے تو ان کو الہام ہُوا۔ کہ اس بیس سال کے اندر کی تیری سب دُعائیں قبول کی گئیں۔ کیونکہ تو امتحان میں کامیاب ہُوا۔ اور آزمائش میں پُورا اُترا۔ اس پر انہوں نے مرید سے کہا۔ کہ دیکھ اگر مَیں تیری نصیحت پر عمل کرتا تو کس قدر گھاٹے میں رہتا۔ مجھے خدا تعالےٰ پر توکّل تھا۔ آخر اس کا قرب مجھے نصیب ہُوا۔ اَب دیکھو کہ اگر وہ بزرگ مرید کی بات مان لیتا تو ایسے وقت میں جبکہ اس کی ساری دُعائیں قبول ہوتے ہیں بہت ہی تھوڑا عرصہ رہ گیا تھا۔ اس کا دُعا کو ترک کر دینا کیسا خطرناک ہوتا اور اس کی سب محنت ضائع ہو جاتی۔ پس مومن کو کبھی مایوس نہیں ہونا چاہیئے۔ ہمّت سے قدم آگے ہی بڑھاتا چلا جاوے اور اپنی ناکامی پر کام نہ چھوڑ بیٹھے۔ ہاں یہ بے شک غور کرے۔ کہ میری ناکامی کے سبب کیا ہیں۔ اور اگر کوئی سبب معلوم ہو تو اس کو دُور کرنے کی کوشش کرے۔ مگر خدا تعالےٰ کے فضل سے ناامید کبھی نہ ہو۔ بعض لوگ کہتے ہیں۔ ہمارے اعمال کا کوئی نتیجہ نہیں نکلتا۔ اس لئے ترک کر دیتے ہیں۔ مَیں کہتا ہوں کہ اگر کوئی نتیجہ نہیں نکلتا تو نہ سہی۔ تم اپنا کام کئے جاؤ۔ بالآخر تم ضرور کامیاب ہو جاؤ گے۔ دیکھو خدا تعالےٰ فرماتا ہے کہ کس طرح مومن اللہ پر توکل کر کے کامیاب ہوتے ہیں۔ فرماتا ہے۔ اَلَّذِیْنَ قَالَ لَھُمُ النَّاسُ اِنَّ النَّاسَ قَدْ جَمَعُوْا لَکُمْ فَاخْشَوْھُمْ فَزَادَھُمْ اِیْمَانًا۔ وَ قَالُوْا حَسْبُنَا اللّٰہُ وَ نِعْمَ الْوَکِیْلُ۔ (آل عمران: ۱۷۴) یعنی مسلمانوں کو لوگوں نے ڈرانا شروع کیا۔ کہ وہ کامیابی کی پیشگوئیاں کہاں گئیں؟ اَب تو سب دُنیا تمہارے خلاف جمع ہو گئی ہے۔ پس ان سے ڈر جاؤ۔ تو اُن کی اس گفتگو سے وہ ایمان میں اور بھی ترقی کر گئے۔

کیونکہ یہ بھی تو خبر ان کو مل چکی تھی۔ کہ دشمن بڑے زور سے ان پر حملہ کرے گا۔ اور ان کو پامال کرنا چاہے گا۔ مگر پھر بھی وہ کامیاب ہوں گے۔ پس انہوں نے اُن ڈرانے والوں کو یہی جواب دیا کہ جو ہمارا مخالف ہوتا ہے اسے ہونے دو ہمیں تو اللہ ہی کافی ہے۔ اور وہ نہایت عُمدہ کارساز ہے جب اُس پر توکل کیا۔ تو پھر کسی اور شے کی کیا پرواہ ہے۔ اس آیت سے نتیجہ نکلتا ہے کہ جس قدر مقابلہ سخت ہو اسی قدر مضبوطی سے مومن کو کھڑا ہونا چاہیئے۔ دیکھو کوئی جسمانی مریض اس طرح نہیں کرتا۔ کہ ایک علاج سے اگر اسے فائدہ نہ ہو تو پھر علاج کرانا ہی چھوڑ دیتا ہے۔ بلکہ برابر علاج میں لگا رہتا ہے۔ یہاں تک کہ فوت ہو جاوے یا اسے صحیح علاج میسّر آجاوے۔ اسی طرح روحانی امراض کے مریضوں کو بھی چاہیئے۔ اور اگر بڑا مرض ہو۔ تو اس کے ازالہ کے لئے پہلے سے بھی زیادہ کوشش کرنا چاہیئے۔ کوشش میں اگر کامیاب ہو گئے۔ تو سب کچھ حاصل ہو گیا۔ اور اگر کوشش کرتے کرتے مر گئے۔ تو بھی خدا اس کوشش کے بدلہ میں کچھ نہ کچھ چشم پوشی سے کام لے گا۔ لیکن اگر کوشش ہی چھوڑ بیٹھے اور اس حالت میں مر گئے تو پھر سوائے سزا کے اور کس اَمر کی اُمید ہو سکتی ہے۔ پس انسان کو چاہیئے کہ کوشش میں لگا ہی رہے۔ اور ہرگز نااُمید ہو کر اُسے چھوڑ نہ دے۔ سکولوں اور کالجوں میں دیکھا جا سکتا ہے کہ بعض طالب علم صرف اپنے استقلال کی وجہ سے کامیاب ہو جاتے ہیں۔ مَیں نے ایک ہندو کے متعلق سُنا۔ کہ وہ سات سال متواتر امتحان میں فیل ہوتا رہا اور آخری دفعہ جب اُس نے امتحان دیا۔ تو اس کا بیٹا بھی اس امتحان میں شامل تھا۔ مگر وہ اس بات سے شرمایا نہیں اور امتحان میں شامل ہوا۔ اور آخر کامیاب ہو گیا۔ تو گھبرانا نہیں چاہیئے۔ اور نہ ہی اپنے نفس کو گرانا اور ہیچ سمجھنا چاہیئے۔ یہ مَیں عُجب کی تعلیم

نہیں دے رہا۔ بلکہ استقلال کی دے رہا ہوں۔ تم یہ مت کہو۔ فلاں کام ہم کر نہیں سکتے یا ہم سے ہو نہیں سکتا۔ بلکہ یہی کہنا چاہیئے کہ خدا تعالیٰ نے ہمیں بھی سب طاقتیں دی ہیں۔ خدا تعالیٰ مومن کی یہ شان بیان فرماتا ہے کہ مِنَ الْمُؤْمِنِيْنَ رِجَالٌ صَدَقُوْا مَا عَاهَدُوا اللّٰهَ عَلَيْهِ مِنْهُمْ مَنْ قَضٰى نَحْبَهٗ وَمِنْهُمْ مَنْ يَّنْتَظِرُ۔ (الاحزاب: ۲۴) مومنوں میں سے بعض ایسے ہیں۔ کہ جنہوں نے اپنے فرائض کو ادا کر دیا ہے۔ اور بعض تیار ہیں۔ کہ موقعہ ملے تو ادا کریں۔ حدیث میں آتا ہے۔ کہ ایک صحابی نے ایک موقعہ پر کہا تھا۔ کہ کاش میں بھی بدر کی جنگ میں ہوتا تو خوب اچھی طرح لڑتا۔ اس قسم کی باتیں جب دل سے نکلتی ہیں۔ اور سچی خواہش کا نتیجہ ہوتی ہیں۔ تو عجب نہیں کہلاتیں۔ بلکہ اُن کی مثال اس دھوئیں کی سی ہوتی ہے۔ جو دبی ہوئی آگ سے نکلتا ہے۔ اس صحابی کا معاملہ بھی ایسا ہی تھا۔ چنانچہ وہ جنگ اُحد میں شامل ہوئے۔ اور جب یہ مشہور ہوا کہ رسول کریمؐ شہید ہو گئے ہیں۔ اور حضرت عمرؓ کو یہ خبر پہنچی اور وہ گھبرا کر بیٹھ گئے۔ تو وہی صحابی آیا اور آکر پوچھا۔ کیا بات ہے؟ حضرت عمرؓ کے پاس ایک اور صحابی بھی اسی طرح سر نیہوڑائے بیٹھے تھے۔ انہوں نے جواب دیا۔ کہ رسول کریمؐ شہید ہو گئے ہیں۔ اس نے کہا۔ اگر رسول کریمؐ شہید ہو گئے ہیں تو یہی موقع لڑنے کا ہے اب ہمیں دُنیا میں رہ کر کیا کرنا ہے۔ یہ کہہ کر وہ دشمن پر حملہ آور ہوا۔ اور لڑتے لڑتے مارا گیا جب اس کی لاش ملی۔ تو معلوم ہوا کہ اسے ستر زخم لگے تھے۔

غرض یہ ایک خاص نکتہ ہے کہ اپنے نفس پر کبھی بدگمانی نہیں کرنی چاہیئے اور جیسا کہ دوسرے پر بدگمانی کرنا بُرا ہے۔ ایسا ہی اپنے نفس کے متعلق بدگمانی کرنا بھی اچھا نہیں۔ بلکہ گناہ ہے تو اللہ پر بھروسہ رکھتے ہوئے دل میں یہ سمجھنا

چاہیئے۔ کہ ہم شیطان کو اپنے اُوپر غالب نہیں ہونے دیں گے نا امید نہ ہونے اور اپنے نفس پر بدگمانی نہ کرنے اور عُجُب اور تکبّر میں یہ فرق ہے کہ اوّل الذکر ہمیشہ آئندہ واقعات کے متعلق ہوتا ہے۔ اَور آخر الذکر عموماً پہلے کاموں پر ہوتا ہے۔ خود پسند اور متکبّر انسان بہت جلد کام کے وقت گھبرا جاتا ہے۔ لیکن جب کام ہو جاوے۔ تو فخر کرتا ہے۔ خدا پر توکل کرنے والا اور اپنے نفس پر بدظنی نہ کرنے والا انسان جب تک کوئی کام نہیں ہوتا۔ اپنی اُمید کو باندھے رکھتا ہے اور جب وہ ہو جاتا ہے تو پھر اس کا ذکر بھی نہیں کرتا۔

تزکیہ نفس کے حصُول کا گیارھواں طریق

یہ ہے کہ بعض لوگ بعض گناہوں کو بہت بڑا قرار دے لیتے ہیں۔ اور بعض کو چھوٹا قرار دے لیتے ہیں۔ اور ان سے بچنے کی زیادہ احتیاط نہیں کرتے۔ حالانکہ قرآن کریم سے معلوم ہوتا ہے۔ کہ کوئی گناہ بڑا چھوٹا نہیں ہوتا۔ قرآن کے رُو سے چھوٹا وہی گناہ ہے۔ جس کا خیال آئے۔ مگر انسان کرے نہیں۔ اور جو کرے وہ بڑا ہے۔ ان کے متعلق لوگوں نے صغیرہ۔ کبیرہ کی اصطلاحیں خود بخود گھڑ لی ہیں۔ قرآن کریم میں ان معنوں میں ان کا ذکر کہیں نہیں ہے اس لئے کسی گناہ کو چھوٹا نہیں سمجھنا چاہیئے۔ کیونکہ چھوٹا سمجھ کر انسان اس کی پروا نہیں کرتا۔ کہتے ہیں۔ ایک شخص جو اپنے آپ کو بڑا بہادر سمجھتا تھا۔ گودنے والے کے پاس گیا اور جا کر کہا۔ میرے بازو پر شیر کی تصویر گود دو۔ جب وہ گودنے لگا۔ اور اسے دَرد ہوُا۔ تو اس نے پوچھا کیا بنا رہے ہو؟ اس نے کہا شیر کا دایاں کان بنا رہا ہوں۔ وہ کہنے لگا۔ اگر کان نہ بنایا جائے۔ تو شیر رہتا ہے۔ یا نہیں۔ گودنے والے نے کہا۔ رہتا ہے۔ اس نے کہا۔ اچھا اِسے جانے دو آگے گودو۔ پھر جب وہ گودنے لگا۔ تو اُس نے پوچھا۔ اَب کیا بنانے لگے ہو۔ اس نے

کہا ۔ بایاں کان ۔ کہنے لگا ۔ کیا یہ نہ ہو تو شیر شیر نہیں رہتا ۔ اس نے کہا رہتا
تو ہے ۔ کہنے لگا ۔ چلو اسے بھی جانے دو ۔ آگے گودو ۔ غرض اسی طرح ہر دفعہ
وہ کہتا گیا ۔ حتّٰی کہ گودنے والے نے کہہ دیا ۔ اَب تو شیر کا کچھ بھی نہیں رَہ
گیا ۔ پس آپ جائیے ۔ یہی حال بعض لوگوں کے اعمال کا ہوتا ہے ۔ وہ ہر ایک
بات کو معمُولی کہہ کر چھوڑ دیتے ہیں ۔ جس سے پیچھے کچھ نہیں رَہ جاتا ۔ لیکن ایسا
نہیں کرنا چاہیئے ۔ اوّل تو مَیں نے بتایا ہے کوئی بات چھوٹی نہیں ہوتی ۔ دوسرے
یہ بھی یاد رکھنا چاہیئے کہ ایک فعل دوسرے کا محرک ہوتا ہے ۔ جس طرح ایک بدی
دوسری بدی کا موجب بنتی ہے ۔ اسی طرح ایک نیکی دوسری نیکی کی محرک ہوتی ہے
اس لئے کسی نیکی یا بدی کو چھوٹا نہیں سمجھنا چاہیئے ۔ انس رضی اللہ عنہ سے
روایت ہے کہ آپ نے ایک دفعہ رسُول کریم صلے اللہ علیہ وسلّم کے بعد اسلام
لانے والوں کو مخاطب کر کے فرمایا ۔ کہ آج تم لوگ بعض بدیاں کرتے ہو اور انہیں
چھوٹا سمجھتے ہو ۔ لیکن رسول کریم صلے اللہ علیہ وسلّم کے وقت ان کا کرنا موت
سمجھا جاتا تھا ۔ اسی طرح حدیث سے ثابت ہے کہ رسول کریم صلے اللہ علیہ وسلّم
کہیں جا رہے تھے ۔ کہ قبرستان کے پاس سے گذرے اور فرمایا ۔ ان دو قبروں
والوں کو چھوٹی باتوں سے عذاب ہو رہا ہے ۔ مگر در اصل وہ بڑی تھیں ۔ چھوٹی تو
اس لئے کہ ان سے بآسانی بچ سکتے تھے ۔ اور بڑی اس لئے کہ جہنّم میں لے
جانے کا موجب ہوگئیں ۔ ان میں سے ایک تو پیشاب کی چھینٹوں سے احتیاط
نہیں کرتا تھا ۔ اور دُوسرا چغل خور تھا ۔ تو کوئی بات چھوٹی نہیں ہوتی ۔ بلکہ چھوٹی
بڑی نسبت کے لحاظ سے ہو سکتی ہے ۔ ایک ایسی بات جو انسان کر سکتا ہے اور کرتا
ہے ۔ وہ خواہ کتنی مشکل اور بڑی ہو ۔ وہ اس کے لئے چھوٹی ہے لیکن جو نہیں
کر سکتا ۔ یا نہیں کرتا ۔ وہ خواہ کتنی ہی معمولی ہو ۔ اس کے لئے بڑی ہے مثلاً ایک

ایسا شخص ہے جو نماز پڑھتا ہے۔ روزے رکھتا ہے۔ زکوٰۃ دیتا ہے۔ حج کرتا ہے۔ لیکن گالی دینے سے نہیں بچتا۔ ہم کہیں گے۔ وہ کیوں اس سے نہیں بچتا۔ یہی کہا جائے گا۔ کہ نہیں بچ سکتا۔ اور جب اس سے نہیں بچ سکتا تو یہی کام اس کے لئے بڑا ہے۔ پس جب بُرائی میں کوئی گرفتار ہے اور اسے چھوڑتا نہیں وہی اس کے لئے بڑی ہے۔ اور جس نیکی کو انسان اختیار نہیں کرتا۔ وہی اس کے لئے بڑی ہے۔ حضرت مسیح موعود نے لکھا ہے کہ جو بات انسان طبعًا کر سکتا ہے۔ اس پر اسے ثواب نہیں ملتا۔ ثواب ایسے ہی فعل پر ملتا ہے کہ نفس اس کے خلاف کہتا ہو اور خلاف کرنے کی قدرت بھی ہو۔ لیکن انسان اس سے بچے۔ مثلاً ایک ایسا شخص جس میں شہوت کا مادہ ہی نہیں۔ وہ اگر کہے۔ کہ مَیں زنا نہیں کرتا۔ تو یہ اس کے لئے نیکی نہیں ہے۔ ہاں اگر وُہ چغل خوری چھوڑ دے۔ تو یہ نیکی ہوگی۔ اسی طرح جو برائی کسی میں پائی جاتی ہو۔ اس کا چھوڑنا نیکی ہے۔ کیونکہ اس کے لئے وُہی کبیرہ گناہ ہے

یہ مَیں نے مجملاً بیان کر دیا ہے کہ عرفانِ الٰہی کس طرح پیدا ہو سکتا ہے۔ آپ لوگ اگر ان باتوں پر عمل کریں گے تو انشاء اللہ بہت بڑا فائدہ اٹھائیں گے۔ اَب مَیں مختصر طور پر عرفانِ الٰہی کی دو تین علامتیں بتاتا ہوں۔ کیونکہ زیادہ بیان کرنے کے لئے وقت نہیں۔

عرفانِ الٰہی کی علامات

عرفانِ الٰہی کی علامتیں دو قسم کی ہیں۔ ایک بیرونی دوسری اندرونی۔ بیرونی تو یہ کہ حدیث میں آیا ہے۔ نوافل کے ذریعہ انسان اتنا مقرب بن جاتا ہے کہ خدا اس کے ہاتھ اس کے پاؤں۔ اس کی زبان ہو جاتا ہے اس سے معلوم ہوتا ہے کہ عرفانِ الٰہی اس کو حاصل نہیں ہوتا۔ جو صرف فرائض ادا کرتا ہے۔ بلکہ نوافل بھی ادا کرنے

ضروری ہیں۔ اس کے بعد اسے ایسا عرفان حاصل ہوتا ہے کہ خدا اس کے ہاتھ پاؤں۔ ناک۔ کان۔ زبان بن جاتا ہے۔ اس سے مُراد یہ ہے۔ کہ جو کام وہ کرتا ہے۔ وہ خدا کے کام ہوجاتے ہیں۔ یعنی جس طرح خدا کے کام ہو کر رہتے ہیں اور کوئی انہیں روک نہیں سکتا۔ اسی طرح اس کے کاموں کو کوئی روک نہیں سکتا۔ اور وہ ضرور ہو کر رہتے ہیں۔ وہ جب کسی کو پکڑتا ہے تو پھر جانے نہیں دیتا اور جب کسی کی بات سُنتا ہے تو اسے منظور کروا دیتا ہے۔ جس پر اپنی توجہ ڈالتا ہے۔ اس کی اصلاح ہو جاتی ہے۔ اور جو کچھ کہتا ہے وہ حق کہتا ہے کیونکہ مَا يَنْطِقُ عَنِ الْهَوٰى اِنْ هُوَ اِلَّا وَحْىٌ يُّوْحٰى۔ (النجم ۴۔۵) کا مصداق ہوتا ہے۔ اس کی گرفت نہایت سخت ہوتی ہے۔ جس کو پکڑتا ہے وہ نکل نہیں سکتا۔ تو عرفان حاصل ہونے کے معنے یہ ہیں۔ کہ خدا کی صفات انسان پر حاوی ہوجاتی ہیں اور خدا کے افعال بھی اس کے ذریعہ جاری ہوجاتے ہیں۔ خدا اسے ایسے رنگ میں چلاتا۔ اور اس سے ایسے کام کراتا ہے۔ کہ لوگ خدائی کا جلوہ دیکھ لیتے ہیں۔ اور وہ جلوہ ایسا ہوتا ہے۔ کہ بعض نادان تو اسے خدا ہی کہنے لگ جاتے ہیں۔

اس حالت تک پہنچنے کے لئے کچھ اندرونی تغیرات انسان میں ہوتے ہیں۔ اور وہ یہ ہیں۔ اوّل یہ کہ اسے نیکی اور بدی کا علم ہوجاتا ہے۔ بعض دفعہ ایک بات بظاہر بُری نہیں معلوم ہوتی۔ لیکن جب وہ اسے کرنے لگتا ہے۔ تو اسے پتہ لگ جاتا ہے کہ بری ہے۔ اس لئے چھوڑ دیتا ہے اور بعض اوقات وہ ایک کام کو بُرا سمجھ کر چھوڑنے لگتا ہے۔ لیکن اسے علم دے دیا جاتا ہے کہ یہ اچھی ہے تو عرفان کا پہلا درجہ یہ ہوتا ہے کہ جس طرح خدا تعالےٰ کو نیکی اور بدی کا علم ہے اسی طرح بندہ کو علم دے دیا جاتا ہے۔ لیکن دوسروں کو یہ بات حاصل نہیں ہوتی۔ دیکھو

رسول کریم صلے اللہ علیہ وسلّم بھی وہی نمازیں پڑھتے وہی روزے رکھتے تھے۔ جو اور بھی رکھتے تھے۔ مگر آپ کو جو درجہ حاصل تھا۔ کیا کسی اور کو بھی حاصل تھا؟ ہرگز نہیں۔ اس کی وجہ یہی ہے کہ عام لوگوں کو جو نیکیاں نظر آتی ہیں ان کے پیچھے اور نیکیاں ہیں جو رسول کریمؐ کو نظر آتی تھیں اور آپ اُن پر عمل کرتے تھے۔ اور وہ بدیاں جو عام لوگ دیکھتے ہیں۔ اُن کے پیچھے اور بدیاں ہیں جنہیں رسول کریمؐ دیکھتے تھے۔ اور اُن سے بچتے تھے۔ اسی وجہ سے آپ کو وہ درجہ حاصل تھا۔ جو اور کسی کو نہ تھا۔ تو ظاہری نیکیوں اور بدیوں کے پیچھے بھی نیکیاں اور بدیاں ہیں لیکن وہ ایسی ہیں کہ انہیں بیان نہیں کیا جا سکتا۔ ان کو وہی سمجھ سکتا ہے جس کو ان کے سمجھنے کا خاص طور پر خدا تعالیٰ کی طرف سے ملکہ دیا جاتا ہے۔ اور جب یہ ایک دفعہ حاصل ہو جاتا ہے اور اس کے مطابق عمل کیا جاتا ہے تو اور بڑھ جاتا ہے اور دن بدن بڑھتا رہتا ہے۔ یہ چھوٹا درجہ ہے عرفان کا۔ اس سے دوسرا درجہ یہ ہے کہ محض بدیوں کو ظاہر کر دیا جاتا ہے۔ ایک بدی تو اس قسم کی ہوتی ہے کہ اُس پر پردہ پڑا ہوتا ہے اس لئے جب تک پردہ نہ اٹھایا جائے نظر نہیں آتی۔ لیکن ایک بدی ایسی ہوتی ہے کہ گو سامنے ہوتی ہے مگر معلوم نہیں ہوتی۔ مثلاً اگر کوئی سؤر کا گوشت بکری کا کر کے پکارے تو کیا معلوم ہو سکتا ہے۔ یا یہ کہ گوشت تو بکری کا ہی ہو لیکن اس کا کھانا جائز نہ ہو۔ اس قسم کی باتوں سے آگاہ کر دیا جاوے۔ اور ایسے لوگوں کے سامنے جنہیں عرفان حاصل ہوتا ہے جب کوئی ایسی چیز آتی ہے۔ تو ان کے دل میں اس سے خاص حرکت یا نفرت ڈالی جاتی ہے۔ جس سے وہ سمجھ جاتے ہیں۔ کہتے ہیں۔ ایک بزرگ بہت سے لوگوں کے ساتھ کھانا کھانے بیٹھے۔ لیکن بغیر کچھ کھائے اُٹھ کر چلے گئے۔ یہ دیکھ کر دوسرے لوگوں نے بھی کھانا چھوڑ دیا اور اُن سے جا کر چلے آنے کی وجہ پوچھی۔ تو انہوں نے

کہا۔ کہ میرے نفس میں وہ کھانا کھانے کا خاص جوش تھا۔ جس سے مَیں نے سمجھا اس میں ضرور کوئی نقص ہو گا اور مَیں اُٹھ کر چلا آیا۔ اس طریق سے ان لوگوں کو محفوظ رکھا جاتا ہے جن کا نفس گو اُن کے قابو میں ہوتا ہے لیکن وہ مسلمان نہیں ہوتا۔ وہ نفس کی رغبت سے سمجھ لیتے ہیں۔ کہ بدی ہے۔ لیکن جو اس سے اعلیٰ درجہ پر ہوتے ہیں۔ ان کا نفس نیک ہو جاتا ہے۔ اور اس کے سامنے خواہ کیسے رنگ میں کوئی برائی پیش ہو۔ وہ فوراً کہہ دیتا ہے۔ ؎

بہر رنگے کہ خواہی جامہ مے پوش

من اندازِ قدت را مے شناسم

اور یہی آخری درجہ عرفان کا ہوتا ہے کہ انسان نیکی کو نیکی اور بدی کو بدی دیکھ لیتا ہے خواہ وہ کتنی ہی نہاں اور پوشیدہ کیوں نہ ہو۔ اور جو ایسے لوگ ہوتے ہیں۔ ان سے یہ سوال کرنے کی ضرورت نہیں ہوتی کہ تم کون ہو۔ بلکہ دُنیا انہیں خود بخود دیکھ لیتی ہے۔

خدا تعالےٰ آپ لوگوں کو ان باتوں پر عمل کرنے کی توفیق بخشے اور اپنے عرفان کی نعمت سے مالا مال کرے۔ آمین۔